U0723045

高等院校学前教育
专业创新型系列教材

幼儿游戏与指导

张婷婷　刘　欣　王苗苗　主　编

仇雅琳　张　潺　刘文娟　副主编

清华大学出版社

北京

内 容 简 介

本书依据《幼儿园教育指导纲要(试行)》《3~6岁儿童学习与发展指南》《幼儿园保育教育质量评估指南》《幼儿园教师专业标准(试行)》等政策文件编写而成,分为五个项目:幼儿游戏与指导导论、角色游戏、表演游戏、结构游戏和民间传统幼儿游戏。本书具有以下特点:编写团队"双元",融入典型幼教任务;线上线下相结合,注重学习者的主动性;强调岗证赛课融通,突出理论应用于实践。

本书为活页教材,配有课件、教案、微课资源,可作为高职院校学前教育专业教材,也可作为幼教行政工作者、幼儿园教师和幼儿家长的阅读材料和参考用书。

本书封面贴有清华大学出版社防伪标签,无标签者不得销售。

版权所有,侵权必究。举报:010-62782989,beiqinquan@tup.tsinghua.edu.cn。

图书在版编目(CIP)数据

幼儿游戏与指导/张婷婷,刘欣,王苗苗主编. —北京:清华大学出版社,2024.5
高等院校学前教育专业创新型系列教材
ISBN 978-7-302-65931-0

I. ①幼… II. ①张… ②刘… ③王… III. ①学前教育-游戏课-高等学校-教材 IV. ①G613.7

中国国家版本馆 CIP 数据核字(2024)第 065020 号

责任编辑:张 弛
封面设计:于晓丽
责任校对:袁 芳
责任印制:丛怀宇

出版发行:清华大学出版社
  网 址:https://www.tup.com.cn,https://www.wqxuetang.com
  地 址:北京清华大学学研大厦 A 座   邮 编:100084
  社 总 机:010-83470000   邮 购:010-62786544
  投稿与读者服务:010-62776969,c-service@tup.tsinghua.edu.cn
  质量反馈:010-62772015,zhiliang@tup.tsinghua.edu.cn
  课件下载:https://www.tup.com.cn,010-83470410
印 装 者:小森印刷霸州有限公司
经 销:全国新华书店
开 本:185mm×260mm   印 张:11.25 字 数:252 千字
版 次:2024 年 7 月第 1 版   印 次:2024 年 7 月第 1 次印刷
定 价:49.00 元

产品编号:105291-01

编写委员会

主　　编　张婷婷　　刘　欣　　王苗苗

副主编　仇雅琳　　张　潺　　刘文娟

编　　委　孙　丽　　车蓓蕾　　张莎莎

　　　　　张　悦　　杜　鹃　　胡烨湜

　　　　　刘子晨　　于淑贞　　王　华

　　　　　付路路　　田芮凡　　王彦文

前　言

党的二十大报告指出，要加快建设人才强国，着力造就拔尖创新人才。幼儿期是拔尖创新人才培养的起点期，游戏活动有助于幼儿创造力的发展。

游戏是幼儿的天性，是幼儿园活动的主要组织形式。《幼儿园工作规程》《幼儿园教育指导纲要(试行)》《幼儿园保育教育质量评估指南》都指出，"幼儿园教育应以游戏为基本活动，寓教育于各项活动之中。"《3～6岁儿童学习与发展指南》强调，要"理解幼儿的学习方式和特点"，要"珍视游戏和生活的独特价值"。因此，学习和掌握幼儿游戏有关的知识体系、支持与指导幼儿的游戏活动成为幼儿教师应具备的基本素质之一。

本书遵循"以学生为中心、学习成果为导向、促进自主学习"的思路，依据《幼儿园教育指导纲要(试行)》《3～6岁儿童学习与发展指南》《幼儿园保育教育质量评估指南》《幼儿园教师专业标准(试行)》等政策文件的要求编写，具有较强的理论性和实践性，共分五个项目：幼儿游戏与指导导论、角色游戏、表演游戏、结构游戏和民间传统幼儿游戏。其中，项目1主要是对幼儿游戏与指导的宏观论述，通过描述幼儿游戏的本质特征理解什么是游戏，厘清游戏与幼儿游戏的概念，并通过学习和解读幼儿游戏的相关理论、幼儿游戏的分类等，理解游戏纵向发展的历程及其与幼儿发展之间的关系；项目2～项目5主要分析了角色游戏、表演游戏、结构游戏和民间传统幼儿游戏，从概念、特点、作用、环境创设、观察指导要点等角度表述了这几类游戏是如何开展和组织实施的。

本书具有以下特点。

1. 编写团队"双元"，融入典型幼教任务。 除高校学前教育专业教师外，本书还邀请了众多幼儿园园长、一线教师加入教材编写团队。借助一线教师的力量，本书将"幼儿游戏活动的典型工作任务及工作过程知识"作为主体内容，突出借助"学习任务"实施教学。

2. 线上线下相结合，注重学习者的主动性。 本书的每个学习任务都前置问题情景，可以引发学习者的自主思考，激发学习的兴趣，同时设置学习评价和充足的思考练习等内容，学习者可以结合基本知识的学习进行自主反思，有针对性地对学习情况进行自查，以便提升学习的有效性，促进深度学习。此外，本书还以添加二维码的方式提供了丰富、实用和具有引领创新作用的立体化、信息化课程资源，如导学视频、微课、游戏案例等，学习者可以自主学习使用。

3. 强调岗证赛课融通，突出理论应用于实践。 本书注重对各学习项目和学习任务中知识点的提炼，力求将幼儿园教师资格证考试的知识要点、幼儿教育技能大赛的考核要求以及幼儿教师的岗位标准融合于教材内容中。每个学习任务都会梳理和分析往年与之相关的教师资格考试、幼儿教育技能大赛的知识点和题型，同时设计具有实践意义的幼儿游戏活动案例，既能帮助学习者抓住学习重点，建立知识结构体系，也有助于指导学习者的复习备考，提升学习者的实践应用能力。

本课程的教学时数为 32 学时,各部分的参考教学时数见下表。

项 目	课 程 内 容	课时分配
项目 1	幼儿游戏与指导导论	4
项目 2	角色游戏	8
项目 3	表演游戏	8
项目 4	结构游戏	6
项目 5	民间传统幼儿游戏	6
总学时		32

本书由长期从事幼儿游戏教学与实践的幼教工作者共同编写,济南职业学院张婷婷教授主持开发并确立教材体例和项目内容;张婷婷、济南职业学院刘欣和山东传媒职业学院王苗苗担任主编,济南职业学院仇雅琳、张潆和济南幼儿师范高等专科学校刘文娟担任副主编;张婷婷负责教材的统稿工作。本书各项目编写分工如下:项目 1 由刘欣和王苗苗共同编写;项目 2 由张婷婷编写;项目 3 由张潆编写;项目 4 由仇雅琳编写;项目 5 由仇雅琳和刘文娟共同编写。山东省济南市历下区未来家幼教集团银丰嘉玺园张悦、山东省实验幼儿园孙丽、车蓓蕾和杜鹃,山东省利津县第二实验幼儿园张莎莎,山东省济南市历下区锦屏幼儿园胡烨湜,中共山东省委机关第二幼儿园刘子晨,济南职业学院于淑贞和王华,山东省济南市星瀚城幼儿园付路路,山东省济南市槐荫区实验幼儿园田芮凡,河北省廊坊市固安县马庄镇南小菅小学附属幼儿园王彦文共同参与了幼儿游戏照片、案例或视频的提供工作。

本书可作为高职院校学前教育专业教材,也可作为幼教行政工作者、幼儿园教师和幼儿家长的阅读材料和参考用书。

本书在编写过程中引用了诸多国内外相关专著、教材和论文,在此谨向相关作者表示感谢! 在编写过程中得到了清华大学出版社的大力支持,在此一并表示感谢!

由于编者水平有限,本书难免存在不妥之处,恳请读者和专家批评、指正,以便不断修正和完善。

编 者
2024 年 4 月

教学课件

参考教案

目　录

项目1
幼儿游戏与指导导论

　　游戏是人类社会中一种古老的活动,具有一定的社会文化价值,对于人类社会而言,游戏并不陌生,可以说它伴随着每个人的成长。从 19 世纪末开始,就有很多的研究者开始研究和探讨游戏,试图从文化学、人类学、心理学、教育学等多个角度探寻游戏的本质和特征。100 多年以来,人们对幼儿游戏的研究不断演进和变化,《幼儿园工作规程》指出"幼儿园以游戏为基本活动",《3～6 岁儿童学习与发展指南》也明确指出"幼儿的学习是以直接经验为基础,在游戏和日常生活中进行的"。

　　那么,游戏到底是什么? 幼儿游戏具有哪些特征呢? 厘清游戏与幼儿游戏的特征,梳理幼儿游戏的本质及其与幼儿教育的关系是很有必要的。

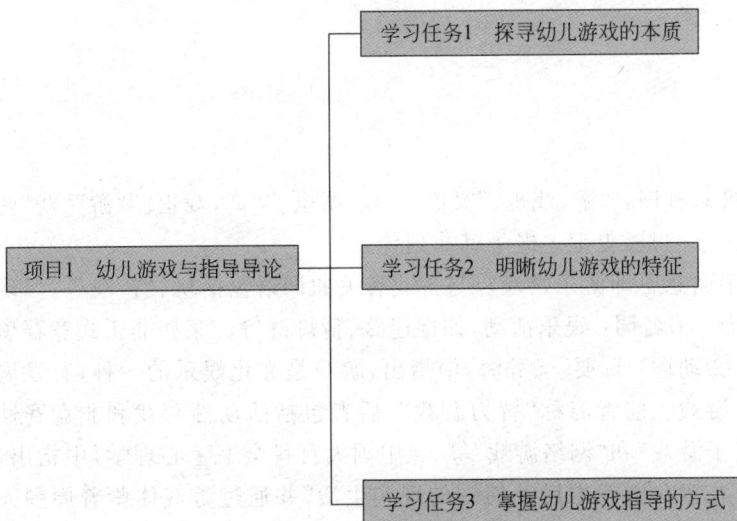

```
                              ┌─── 学习任务1　探寻幼儿游戏的本质
                              │
                              │
  项目1　幼儿游戏与指导导论 ──┼─── 学习任务2　明晰幼儿游戏的特征
                              │
                              │
                              └─── 学习任务3　掌握幼儿游戏指导的方式
```

学习任务1　探寻幼儿游戏的本质

学习目标

1. 了解游戏的含义和游戏的理论学说。
2. 掌握幼儿游戏的本质特征。
3. 树立科学的幼儿游戏观。

情境导入

游乐场里,多多在沙坑里挖沙子,他用沙子和石头搭建了一座城堡,还给城堡修筑了一道围墙,嘴里还嘟嚷着这个城堡要给王子和公主结婚用。午饭时间到了,妈妈叫多多回去吃饭,多多却说我还没玩够呢,妈妈很无奈,跟旁边的人说道:"每天都非得来游乐场里玩,这些东西都玩了百八十遍了,他们怎么都玩不够呢? 这有什么好玩的呢?"旁边的人也附和着说:"谁说不是呢? 我家孩子也这样,不吃饭也得玩,每天弄得身上脏脏的,他自己倒很开心"。

思考:为什么幼儿不吃饭也得玩呢? 为什么游戏对他们有这么大的吸引力?

我的答案:

_____

_____

_____

基础知识

一、游戏的含义

游戏一词来源于《尔雅》,其曰:"游,戏也。"又曰:"戏,谑也。""谑,戏也。""游""戏"两字合并为一词,最早见于文字的是《史记·老子韩非列传》。

在汉语中,"游戏"的字面意思即游乐嬉戏。与游戏有关的词语包括玩、嬉、戏等。《现代汉语词典》将游戏定义为:①名词:娱乐活动,如捉迷藏、猜灯谜等。某些非正式竞赛项目的体育活动也叫游戏。②动词:玩耍。《辞海》中指出,游戏是文化娱乐的一种,有发展智力的游戏和发展体力的游戏。前者习称"智力游戏",后者包括活动性游戏和非竞赛性体育活动。另外,还有"电子游戏"和"网络游戏"等。《中国大百科全书·心理学》中指出,游戏是一种社会性活动。儿童在游戏中反映周围的现实生活,并通过游戏体验着周围人的劳动、生活和道德面貌,同时也理解和体验着人们之间的相互关系。

在英语中,与游戏有关的词汇有 Play、Playing、Game、Fun 等。Play、Playing 有"玩"和"游戏"的含义;Game 多指有规则的竞技活动;Fun 蕴含着丰富游戏乐趣的含义。把这几个词联系起来就描述了游戏的典型特征,即游戏是一种带有趣味性的活动,能让人从中感受到乐趣。

此外,众多研究者还从不同角度探讨了对游戏的认识,比如文化学认为游戏是一种社会文化现象,社会学认为游戏是社会结构和价值观的表现,人类学认为游戏是了解人类发展的途径等。

目前为止,关于游戏是什么,还没有一个明确统一的概念界定,但对于游戏概念的理解基本上可以得出一个大致的认同,即游戏是有乐趣的、自由的、假想的等。

活动：对接已有经验

请结合自身经验,谈一谈你对"游戏"的认识。

二、游戏的理论学说

关于游戏的本质,社会各界都做出了众多探源性的研究,从而形成了一些具有说服力的理论流派。其中,20世纪20年代以前的研究多采用哲学思辨的方法,又被称为"空想主义",更多的是从人类整体的视角思考游戏,被称为早期游戏理论;20世纪20年代之后的研究大多是采用实验的方法,更关注游戏对个体发展的影响和作用,被称为现代游戏理论。

（一）早期游戏理论

1. 剩余精力说

微课：早期游戏理论

剩余精力说也被称为精力过剩说,代表人物是18世纪的德国诗人席勒(Schiller)和19世纪的英国哲学家斯宾塞(Spencer)。这一学说认为,游戏是生物体对剩余精力的一种无目的的消耗,其主要观点是:生物体都有维持自身生存的能量,当需求得到满足之后,若还有剩余的能量就被称为剩余精力。不同等级的生物体维持自身生存所需的能量不同,所剩余的精力多少也不同。高级生物比低级生物更有精力,因为随着种系进化阶梯的升高,机体用来满足生存需要的能量会逐渐减少,从而使得剩余的能量变得更多。剩余的能量必须找到一个合适的途径发泄出去,否则堆积的剩余精力就会对生物体本身造成压力,而游戏便是宣泄剩余精力、保持健康的最佳通道。可以说,剩余精力越多,游戏的行为就越多。

虽然这一理论学说在一定程度上遭到了后人的诟病,认为其贬低了游戏的价值,但不可否认其在今天仍有一定的意义,也提供了一定的教育启示,即在游戏中儿童可以发泄精力。因此,成人不要限制儿童游戏,应鼓励儿童游戏,避免其出现压抑的状态。

2. 松弛消遣说

松弛消遣说也被称为松弛说或放松说，代表人物是德国哲学家拉察鲁斯（M.Lazarus）和帕特里克（Patrick）。这一学说认为，游戏不是对剩余精力的消耗，而是对精力的补充，是用来恢复精力的。其主要观点是：人类在工作和劳动中消耗了大量的精力，因而会感到疲劳，为了放松身心、恢复体力，才产生了游戏。

现代生活中人们的活动在一定程度上印证了这一学说的观点。当人们感到压抑或者有情绪压力的时候，运动和游戏确实有一定的疏导作用。虽然松弛消遣说没有专门论及儿童的游戏，但也能从中获得一定的启示，即当儿童出现情绪压力问题的时候，可以进行适当的游戏和放松活动。

3. 复演说

复演说也被称为行为复演说或种族复演说，代表人物是美国的心理学家霍尔（G.S. Hall）。这一学说认为，游戏是一种种族本能，游戏的目的是消除那些不应在社会中出现的原始本能。其主要观点是：儿童的游戏是对人类祖先进化过程中出现过的行为的复演，儿童游戏阶段与人类历史的发展是可以对应的，如儿童的爬行和行走反映了人类在动物阶段的行为特点，儿童喜欢爬树、追逐打闹反映了人类原始阶段的行为特点等。这种重演为形成更高级、更复杂的人类文明提供了可能。

4. 生活准备说

生活准备说也被称为前练习说或预演说，代表人物是德国生物学家格罗斯。这一学说认为，游戏不是消除原始本能，而是需要通过练习来加强未来所需的本能，以便为将来生活做准备。其主要观点是：小动物和人类都有与生俱来的本能，但这种本能必须经过后天的练习和学习才能发展成熟，才能适应将来生活和生存的需要。因此，儿童在进入社会生活之前需要一个练习和准备的阶段，游戏就是一种练习的方式。

格罗斯把儿童的游戏分为练习性游戏和社会性游戏，前者主要促进儿童的自我控制能力，后者主要帮助儿童发展人际关系。

上述早期游戏理论中，剩余精力说和松弛消遣说论述了游戏与精力调节的关系，复演说和生活准备说论述了游戏与本能的关系，它们的共同点是都带有比较强的生物学色彩，尽管没有单独从儿童的个体视角探讨游戏，但确实对后人探讨游戏和儿童游戏产生了非常大的影响。

活动：我的认知

以上游戏理论你更认同哪一个或哪几个？为什么？

（二）现代游戏理论

1. 精神分析学派的游戏理论

微课：现代
游戏理论

精神分析学派以奥地利心理学家弗洛伊德（S.Freud）和美国心理学家埃里克森（Erik H. Erikson）为代表。该学派认为，人类和动物一样，都有与生俱来的原始冲动和欲望，这是生存和发展的基础，但由于受到社会道德行为规范的限制和影响，人类的这些原始冲动和欲望不能随意发泄，而这些被压抑在潜意识中的冲动和欲望，如果累积太多就会造成精神失常，使人患上精神疾病，因此必须找到一个合适的途径发泄出去。游戏便是最好的途径，因为游戏与现实生活是分离的，在游戏中，人们可以摆脱现实生活的束缚，促使欲望与道德之间达到平衡。因此，这一理论也被称为发泄论或补偿说。

在弗洛伊德看来，游戏可以促进儿童的人格发展。一方面，游戏可以帮助儿童实现在现实生活中不能实现的愿望。在游戏中，儿童可以通过扮演成人、模仿成人的行为举止，感受成人的世界，成为自己想成为的人，使自己在现实生活中的愿望得到补偿。另一方面，游戏在一定程度上可以帮助儿童抚平心理创伤。儿童在现实生活中的体验并非都是快乐积极的，也会有痛苦的、不愉快的体验，这种体验也会成为儿童游戏的主题。在游戏中，儿童会重复呈现这些不愉快的体验，并将其转移到第三者（游戏的同伴、玩具等）身上，使得自己从痛苦体验的被动接受者变为主动执行者，从而把自己从不愉快的生活体验中解脱出来。

与弗洛伊德一样，埃里克森也认为游戏可以促进儿童的人格发展，但他指出，人格的发展不是本能的宣泄和补偿，而是生物因素和社会因素相互作用的结果。自我是积极主动的个体，游戏可以通过创造特定的情境，让自我体验过去、现在和未来，协调生物因素和社会因素的影响。埃里克森把人格发展分为八个阶段，每个阶段都有不同的心理冲突，而游戏则可以帮助儿童解决这些心理冲突，促使儿童从一个阶段迈向下一个阶段。

总体而言，精神分析学派的游戏理论对 20 世纪的游戏研究产生了很大的影响，尤其是其提出的游戏补偿理论，可应用于游戏治疗，即把游戏作为一种评价工具，可以对儿童的情绪状况进行诊断。但精神分析学派的游戏研究以分析个案为研究方式，缺乏客观性和普遍性，过度强调个体的生物性，忽略了社会性，因此也具有一定的局限性。

2. 认知发展学派的游戏理论

瑞士心理学家皮亚杰（Jean Piaget）是认知发展学派的代表人物，他把游戏看作儿童智力活动的组成部分，将儿童的游戏与认知发展相联系。

一方面，皮亚杰认为儿童游戏的发生发展反映其认知发展水平的变化，也就是说儿童玩什么样的游戏，主要受其认知发展水平的影响。他将儿童的认知发展分为四个阶段，分别是感知运动阶段（0～2 岁）、前运算阶段（2～7 岁）、具体运算阶段（7～11 岁）和形式运算阶段（11～16 岁）。在不同的认知发展阶段，儿童的游戏类型也不同。例如，处于感知运动阶段的儿童，其游戏主要是练习性游戏；处于前运算阶段的儿童，其游戏主要是象征游戏；而处于具体运算的儿童，其游戏主要是规则游戏。另一方面，皮亚杰认为游戏可以巩固和促进儿童的发展。在他看来，游戏是儿童认识客体的重要方法，在游戏中，儿童可以用自己已获得的经验与现实生活相联系(如把积木当作小汽车,而不在意积木的原本功能),对原有的知识和经验进行练习巩固,从而促进自身的发展。

总体而言,皮亚杰从认知发展的角度研究儿童游戏,强调了认知发展对儿童游戏的制约和影响作用,这为人们通过游戏了解儿童的发展提供了有价值的理论支持,也为如何创设游戏情境、引导儿童的游戏提供了参考依据。但皮亚杰的游戏理论也具有一定的局限性,忽视了社会生活,尤其是文化、教育等其他环境因素对儿童认知发展的影响,且其提出的游戏中儿童不能发展新的知识经验的观点也与现在所发现的游戏的价值相悖。

3. 社会文化历史学派的游戏理论

社会文化历史学派又被称为"维列鲁学派",代表人物有苏联心理学家维果茨基、鲁宾斯坦、列昂节夫、艾里康宁等。社会文化历史学派认为,游戏不仅有生物学起源,还有社会文化历史起源。如维果茨基认为儿童游戏的产生是其心理机能发展的结果,儿童的心理发展存在最近发展区,儿童的每一个成长阶段都会有特定的正在发展的行为能力,但现实中有很多事情可能会超出儿童现有的能力,使其愿望无法得到满足,那么这时候游戏就产生了,儿童可通过游戏创设一种想象的情境,以此满足自己的愿望和想法。此外,维果茨基还认为儿童的游戏是一种社会性实践活动,具有社会性的本质特征,儿童会模仿成人的行为和活动,并将其体现在游戏之中。

鲁宾斯坦的观点与维果茨基比较相似,他认为游戏是儿童看待周围现实生活的反映,游戏是解决儿童的需要与其自身能力之间矛盾的一种活动。列昂节夫否认了儿童游戏的本能性特点,认为儿童的游戏与动物的游戏有本质的不同,儿童的游戏不是本能活动,而是人类的实际性活动,这种活动可以帮助儿童认识周围客观世界,在游戏中,儿童的行为具有社会性。

社会文化历史学派的现代代表人物艾里康宁主要探讨了儿童角色游戏的起源,他认为儿童的角色游戏不是本能的体现,而是源于社会的需要,游戏的内容具有社会性,角色游戏的主题来源于儿童生活,与儿童生活的一定社会条件和环境有关,社会环境中出现的劳动和工作以及其中所使用的工具影响了儿童的游戏。儿童向往成人的世界,具有强烈的胜任成人活动的愿望,但受到年龄和身心发展水平的限制,他们无法做到像成人一样,因此就在角色游戏中模仿成人的活动,通过操作玩具满足自己的愿望。而成人也会为儿童的游戏创造玩具,引导其进行使用,以帮助其练习适应社会生活所需要的一些能力。

整体来看,社会文化历史学派的游戏理论强调游戏的社会性本质,强调成人与教育在儿童游戏中的重要作用是积极的,但其认为儿童与成人的交往对儿童游戏起决定性作用,忽视了儿童的主观能动性。

除上述游戏理论之外,20世纪中后期还出现了很多新的游戏理论,如柏莱恩提出了游戏的觉醒理论,认为游戏是儿童内驱力的产物,受到外界刺激的影响,是儿童的行为与环境之间相互作用的形式;贝特森提出了游戏的元交际理论,认为游戏中含有的"言外之意"和"不言而喻"的信息,是儿童通往人类文化和表征世界的必需技能和重要途径。

总之,历史上对于游戏的各种研究拓宽了人们的视野,有助于人们从多个角度发现和思考游戏,对于探讨游戏的本质有重要的价值和意义。

活动：我对现代游戏理论的理解

请梳理各个现代游戏理论，并完成表格。

游戏理论	代表人物	主要观点

三、幼儿游戏的本质特征

微课：幼儿游戏
的本质特征

（一）幼儿游戏具有趣味性，是令人愉快的活动

游戏是一种充满了趣味性的活动，当人们提及游戏时，总会想到"好玩""有趣""开心"这样的字眼，幼儿在游戏时往往会带有积极的情感体验，可以从他们的表情、语言和动作中看到满足、轻松的感觉。在游戏中，幼儿没有外在的强制性的目的，没有心理负担，不需要担心游戏之外的任何惩罚，不用受到现实生活的很多束缚，他们可以全身心地投入游戏中，使身体处于一种最轻松、最自在的状态，从而发挥自身的主观能动性，激发想象力和创造力。

虽然有时候在游戏中也会看到幼儿的表情有点严肃，但这种严肃更多地表现为游戏时的专注和认真，比如幼儿在玩一些规则游戏或智力游戏的时候，这种态度就会显现出来，这是他们积极参与游戏的表现。整体来看，幼儿游戏的体验还是轻松愉悦的。

（二）幼儿游戏受到内部动机控制，是主动自发自愿的活动

游戏是一种主体性、非强制性的活动，是由幼儿内部动机产生的活动。"我要玩""我想玩"是机体自身发出的需求，是一种内驱性的行为，不受他人的限制。在游戏中，幼儿始

终处于主动的地位，他们是自身游戏的主人，可以选择和确定游戏的内容、形式，可以根据自己的需要选择游戏的材料和伙伴等。任何强迫性的行为和基于外部利益的行为都不能称为游戏，比如当幼儿自己想要踢球的时候可以称为游戏，而如果是成人要求其踢球或提出交换的条件（如练习踢球可以获得棒棒糖）就不能称为游戏。

（三）幼儿游戏具有社会性和虚构性，是基于现实生活的假想活动

游戏是一种假想的活动，在游戏中，参与的人都知道这件事情是假装的、想象的，游戏中出现的人、物或事件都不是真实的，例如在角色扮演游戏中，幼儿假装吃饭、假装是医生、用铅笔当体温计等；而在下棋、打扑克这样的游戏中，也知道这跟真实的比赛不一样，不用担心游戏后果，不用感受真实比赛的压力。游戏只是满足愿望、获得愉快体验的一种手段，这种不真实的、虚构的情境使得游戏带上了一种神秘的、吸引人的色彩。

但也需要看到，游戏并不是完全脱离现实生活的活动。游戏从属于现实生活，游戏的主题和内容来源于现实生活，游戏中的假想行为是幼儿对现实生活的模仿和改造，比如幼儿的"过家家"游戏反映了现实的家庭生活，小医院中的"医生"和"护士"也可以在现实生活中找到原型。可以说，幼儿的生活经验越丰富，其游戏的内容越充实，游戏的行为越真实。当然，游戏中幼儿的行为并不一定完全还原真实的角色行为，幼儿扮演的角色或用积木搭建的建筑物不一定是哪一个具体的人或建筑物，而是他们根据自己的兴趣、理解和想象进行的概括反映。也就是说，游戏来源于现实生活，但又经历了幼儿的改造，游戏是带着幼儿自身色彩的一种概括性反映现实生活的活动。

（四）幼儿游戏具有自由性和规则性，是一种自由和约束同在的活动

游戏是一种充满自由的活动，这种自由与游戏的内部动机是关联的。因为游戏没有外在的强制性的目的，游戏者可以有很大的自主权，这就决定了游戏的灵活性和随意性。在游戏中，幼儿可以任意选择游戏的内容、材料、同伴等，也可以自由地选择参与游戏或退出游戏。当游戏者所拥有的自由选择权被剥夺，游戏也会随即停止。

但游戏中幼儿的行为又不是完全随意、完全自由的，幼儿在游戏中并不是毫无约束和限制的。虽然有时候会看到幼儿的游戏显得乱七八糟，他们一会儿做这个，一会儿做那个，但仔细观察就会发现，他们的游戏"乱中有序"。

任何游戏都是有规则的，包括显性规则和隐性规则。显性规则一般是指游戏本身的规则，比如在进行跳房子、下棋这类游戏时，幼儿需要在游戏之前商量好双方都需要遵守的一些规则，这些规则会影响比赛结果的公平性，也会直接影响游戏是否能顺利进行。隐性规则主要指一些约定俗成的要求，与幼儿的生活经验和社会性发展水平相联系，一方面需要幼儿的行为符合社会行为规范的要求，如在乘坐公共汽车游戏时，"乘客们"要排队、投币或刷卡。另一方面需要幼儿的行为符合某一社会角色本身的职业规范，如在小医院游戏中，"护士"在给病人打针之前要进行消毒，不能给两个"病人"使用同一针头等；在小餐馆游戏中，饭菜掉到地上，"服务员"不能再端给"客人"，等等。

活动：走进幼教实践

请走进幼儿园,观察幼儿的游戏,并描述你所思考的幼儿游戏的本质特征。

专家观点

游戏是什么?

1. 游戏是幼儿的发展需要。
2. 游戏是幼儿的学习方式。
3. 游戏是幼儿的"心理维生素"。
4. 游戏是可持续学习的基础。
5. 游戏是幼儿园的基本活动。

——华东师范大学　华爱华

我的理解：请将你对"专家观点"的看法和感悟写在下方。

岗证赛课融通

一、对接幼儿园工作岗位

幼儿园王老师在学习幼儿游戏的相关理论之后，出现了一些疑问，她觉得不同的研究者对游戏的研究不同，结论也不一样，那么这些游戏理论对幼儿园游戏实践有没有启示呢？请你结合所学知识尝试回答王老师的问题。

请选择一位同学作为王老师，模拟与王老师进行沟通交流，并将交流提纲撰写在下方。

二、对接幼儿园教师资格证

1. （2018年下半年 保教知识与能力）【材料分析题】教师在户外投放一些"拱桥"，希望幼儿通过走"拱桥"提高平衡能力。但是，有些幼儿却将"拱桥"翻过来，玩起了"运病人"游戏。他们有的拖，有的推，有的抢……玩得不亦乐乎。对此，两位教师反应不同。A教师认为应立即劝阻，并引导幼儿走"拱桥"。B教师认为不应阻止，应支持幼儿新玩法。

【问题】你更赞同哪位老师的想法？为什么？（请将你的答案写在下方）

2. （2015年下半年 综合素质）【单项选择题】某幼儿园将识字作为基本活动，该园的做法（   ）。

    A. 正确，有助于幼儿掌握知识　　　　B. 正确，有助于提高教学质量

    C. 不正确，幼儿园不能组织教学活动　　D. 不正确，幼儿园应以游戏为基本活动

【答案】 D

三、对接幼儿教育技能大赛

1.（2022年山东省）【幼儿教师职业素养测评——专业理论知识选择题】认为游戏是对未来生活的一种无意识准备。比如,女孩子从小就会扮演妈妈,男孩子从小就会扮演爸爸。持有这种观点的代表人物是（　　）。

　　A. 斯班塞　　　　　B. 霍尔　　　　　C. 格罗斯　　　　　D. 拜敦代克

2.（2022年山东省）【幼儿教师职业素养测评——专业理论知识选择题】游戏理论"松弛说"的代表人物是（　　）。

　　A. 阿普利登　　　　B. 格罗斯　　　　C. 斯宾塞　　　　　D. 拉察鲁斯

3.（2022年山东省）【幼儿教师职业素养测评——专业理论知识选择题】认为"游戏是学习新的物品和事物的方式"的流派是（　　）。

　　A. 精神分析论　　　B. 新精神分析论　　C. 认知结构论　　　D. 学习论

4.（2020年全国）【幼儿教师职业素养测评——专业理论知识选择题】"寓教于乐"实际上就是幼儿教育（　　）的体现。

　　A. 直接法　　　　　　　　　　　　　　B. 移情法

　　C. 生活化方法　　　　　　　　　　　　D. 游戏化方法

5.（2020年全国）【幼儿教师职业素养测评——专业理论知识选择题】"儿童早期的各种游戏,是一切未来生活的胚芽。"福禄倍尔这句话体现的学前教育原则是（　　）。

　　A. 保教合一的原则　　　　　　　　　　B. 以游戏为基本活动的原则

　　C. 教育的活动性和直观性原则　　　　　D. 生活化和一日活动整体性的原则

✎ 学习评价

姓名：　　　　　　　　班级：　　　　　　　　日期：

评 价 标 准	自我评价 （达到打√， 未达到画○）	小组评价 （达到打√， 未达到画○）	教师评价 （达到打√， 未达到画○）
能够与幼儿家长交流什么是游戏			
能够描述早期游戏理论的主要观点			
能够描述现代游戏理论的主要观点			
能够分析游戏理论对于幼儿园开展游戏活动的启示			
能够结合所学知识分析幼儿游戏的本质特征			
能够辨析真游戏和假游戏			

学习任务 2　明晰幼儿游戏的特征

📝 学习目标

1. 了解幼儿游戏与成人游戏的区别,理解幼儿游戏的特点。
2. 掌握游戏与幼儿发展的关系。
3. 掌握幼儿游戏的分类。
4. 科学看待幼儿游戏,树立科学的儿童游戏观。

👥 情境导入

幼儿园门口,几位家长在讨论。一位家长说:"这个幼儿园怎么一天到晚都是游戏呀? 老师还说什么幼儿园要以游戏为基本活动,游戏不就是玩吗? 这样的话孩子们什么也学不到,我的钱不就白花钱了吗?"另外几位家长也有同样的疑惑,大家打算去找老师问问清楚。

思考: 幼儿园为什么要以游戏为基本活动? 游戏就是单纯的玩吗?

我的答案:

_____

_____

_____

✦ 基础知识

一、幼儿游戏与成人游戏的区别 🎮

成人和幼儿都会进行游戏,但两个年龄阶段的个体在生理和心理发展上都有很大的不同,因此游戏也表现出不同的特点。

微课:幼儿游戏与
成人游戏的区别

(一)游戏在各自生活中的地位不同

在成人的生活中,游戏并不是主要的生活内容,而是一种放松娱乐的方式,成人可以通过游戏排解生活中的各种压力和消极的情绪。而对于幼儿来说,游戏是生活的重要组成部分,幼儿的一日生活都是在游戏中度过的,可以说游戏就是幼儿的生活,幼儿的生活就是游戏。

(二)游戏时的心理状态不同

成人在游戏时有着明确的目标,能清晰地区分游戏和非游戏,不会把游戏当真。而幼儿往往无法辨别两者之间的区别,对他们来说,两者之间的界限是模糊的。

（三）游戏的内容不同

成人的游戏大多数是带有竞争意味和功利性的规则游戏,游戏中比较关注游戏技巧的娴熟和游戏的结果。幼儿的游戏更多的是操作玩具材料、扮演角色或追逐打闹等,游戏的自然性特点突出。

（四）游戏的内驱力不同

成人游戏一般受到外部动机的影响,在进行游戏时往往带有一定的目的,如放松压力、打发时间、联络感情等。幼儿游戏则受到内部动机的影响,游戏来源于幼儿自身的兴趣和需求,可以说幼儿是"为了游戏而游戏"的。

（五）游戏的价值功能不同

由于成人的身心发展水平已经比较成熟,因此对于成人来说,游戏的探索发现或促进身体发展等功能已经大大减弱。但对于幼儿来说,游戏可以促进身心的全面发展,对成长和发展具有重大的意义和价值。

亲子表演游戏
《白雪公主》视频

活动:我的认知

请扫码观看视频,并结合视频分析幼儿游戏与成人游戏的区别。

二、幼儿游戏的特点

幼儿游戏具有鲜明的"幼儿"特点,是"可见的"。

（一）幼儿游戏具有可观察的外部行为特征

表情、动作、言语、玩具材料是幼儿游戏中可观察的外部特征。对这些要素的观察可以判断幼儿是否在进行游戏。

（1）幼儿在游戏时脸上会有笑、专注等表情。例如,当幼儿在游戏中获得成就感或感觉到有趣的时候会露出微笑甚至大笑的表情;当幼儿在解决游戏中的问题(如搭积木)时

微课:幼儿游
戏的特点

则有可能会露出专注认真的表情。

（2）幼儿在游戏中会表现出多种非常规性、重复性、随意灵活性的动作行为，如探索发现、嬉戏玩闹、象征等。在不同的游戏中，幼儿动作的呈现则不同，比如在娃娃家游戏中，幼儿的动作更多的是象征；在老鹰捉小鸡游戏中，更多的是嬉戏；在搭积木游戏中，更多的是探索等。

（3）常常听到幼儿在游戏中的言语对话，如协商讨论、角色之间的对话等。

（4）幼儿的游戏往往离不开玩具材料，很多时候有没有玩具材料会影响幼儿是否能进行或是否能顺利进行游戏。

（二）幼儿游戏具有积极的心理体验和主观感受

游戏是一种有趣的活动。这种趣味性吸引着幼儿，使他们产生对游戏的兴趣感。游戏中，幼儿会操作材料、运动身体、与其他游戏者嬉笑打闹等，也会让他们产生放松、愉悦、快乐、开心等生理性快感。

此外，游戏充满了挑战、刺激。当幼儿在游戏中实现了现实生活中没有被满足的愿望、解决了游戏中的问题或利用自己的能力实现了对现实环境的改造或转换时，幼儿还会产生成就感和满足感。

（三）幼儿游戏体现了充分的"幼儿主体性"

游戏是幼儿喜爱的活动，在游戏中幼儿具有充分的主体性和自主性。

（1）游戏是由幼儿其内部动机产生的，幼儿有游戏的操控权，在自然条件下，幼儿可以根据自身的需要、兴趣和发展水平自行决定游戏的内容和难度、活动的材料和操作方式等。

（2）幼儿的游戏没有外在压力，玩就是他们游戏的目的，这种放松感也会激发他们游戏的积极性和主动性。

小班幼儿户外
游戏视频

活动：我眼中的"幼儿游戏"

请扫码观看小班幼儿户外游戏视频，并分析其特点。

三、游戏与幼儿发展的关系

微课：游戏与幼儿
发展的关系

（一）游戏是幼儿的权利

1989年联合国大会通过的《儿童权利公约》规定："儿童有权享有休息和闲暇，从事与儿童年龄相宜的游戏和娱乐活动""应因地制宜地为儿童游戏的开展提供物质条件，鼓励提供从事游戏活动的适当的均等的机会""儿童有权自由发表自己的意见，表达游戏的愿望，可以自由选择同伴"。我国1996年颁布的《幼儿园工作规程》也指出："幼儿园应当将游戏作为对幼儿进行全面发展教育的重要形式""幼儿园应当因地制宜创设游戏条件，提供丰富、适宜的游戏材料，保证充足的游戏时间，开展多种游戏""幼儿园应当根据幼儿的年龄特点指导游戏，鼓励和支持幼儿根据自身兴趣、需要和经验水平，自主选择游戏内容、游戏材料和伙伴，使幼儿在游戏过程中获得积极的情绪情感，促进幼儿能力和个性的全面发展"。

这些都表明在游戏时，幼儿有自主游戏和充分游戏的权利，成人和学前教育机构要满足幼儿游戏的愿望，创设良好的游戏环境，支持幼儿的游戏。

（二）游戏是幼儿的基本活动和学习方式

游戏是幼儿日常生活的主要活动，除了基本的生理活动外，幼儿其他所有的活动都可以看成是游戏。《教育大辞典》指出"游戏是儿童的基本活动，是适合儿童年龄特点的一种独特的社会性活动"。我国著名的幼儿教育家陈鹤琴也认为游戏是儿童的生命，是童年期的主要活动，游戏有重要的价值，应成为儿童教育的主要方式。幼儿游戏作为幼儿的基本活动，也是幼儿学习的主要途径，《3～6岁儿童学习与发展指南》指出："幼儿的学习是以直接经验为基础，在游戏和日常生活中进行的，要珍视游戏和生活的独特价值。"一方面，游戏为幼儿提供了亲身体验和动手操作的机会，能激发幼儿的求知欲，唤起他们积极主动的思维活动；另一方面，游戏是符合幼儿兴趣、需要和发展水平的活动，能够提升幼儿学习的有效性。

（三）游戏促进幼儿的全面发展

《幼儿园工作规程》明确指出"幼儿园以游戏为基本活动，寓教育于各项活动之中""幼儿园应当将游戏作为对幼儿进行全面发展教育的重要形式""使幼儿在游戏过程中获得积极的情绪情感，促进幼儿能力和个性的全面发展"。游戏是幼儿喜爱的活动，是适合幼儿的活动形式，能在愉快的氛围中促进幼儿的全面发展。

1. 游戏可以促进幼儿的身体发育

《3～6岁儿童学习与发展指南》指出，幼儿阶段是儿童身体发育和机能发展极为迅速的时期，游戏是促进幼儿身体发育的重要途径。一方面，幼儿可以在游戏中充分进行身体运动，从而促进机体骨骼、肌肉的发育以及身体各系统、各器官的成熟。例如在一些户外游戏中，幼儿可以呼吸新鲜的空气、沐浴阳光，这些都是幼儿身体健康发育的重要条件；还可以通过走、跑、跳、钻、爬等游戏发展大肌肉的动作和平衡、协调、灵敏、速度、力量、耐力等运动能力，通过搭积木等游戏发展小肌肉的动作和手眼协调能力等。另一方面，幼儿在不同温度的天气和季节进行游戏,也可以提高身体对外界环境的适应能力,提升身体素质。

2. 游戏促进幼儿的认知发展

认知是认识过程及其心理品质的总称,包括感知觉、记忆、想象、思维、语言等。在游戏中,幼儿可以充分发挥自身的积极主动性,对周围环境中的人、事、物进行感知和探索,以促进知识的增长和各种认知能力的提升。例如,幼儿在操作玩具材料时可以认识事物的特征(颜色、形状、大小、高矮、轻重等),在扮演角色时可以了解社会生活中的各类职业及其工作的场所,发挥自己的想象力和创造能力,通过解决游戏中的问题发展思维能力。此外,游戏中幼儿也能通过与同伴的交流或扮演角色等发展语言表达能力。

3. 游戏促进幼儿的情感发展

学前期是幼儿情感发展的重要时期,游戏的内容和形式多样,对幼儿的情感发展也具有良好的促进作用。一方面,游戏可以丰富幼儿的积极情感,促进情感的满足和稳定。在游戏中,幼儿可以感受游戏带来的愉悦感,在探索周围世界、认识周围事物的过程中获得成就感、兴奋感和满足感。另一方面,幼儿可以在游戏中发泄自己的消极情绪,减轻或克服不良心理,促进心理健康。此外,游戏还可以促进幼儿高级情感的发展,例如,幼儿操作的玩具造型多样、颜色丰富,可以促进他们审美感的发展;幼儿在乘坐公交车游戏中学会了排队和让座,这种意识会投射到现实生活中,有助于帮助幼儿形成良好的道德情感等。

4. 游戏促进幼儿的社会性发展

社会性是幼儿适应社会生活的心理和行为特征,《3～6岁儿童学习与发展指南》指出人际交往和社会适应是幼儿社会学习的主要内容,也是其社会性发展的基本途径,良好的社会性发展对幼儿身心健康和其他各方面的发展都具有重要影响。还指出幼儿的社会性主要是在日常生活和游戏中通过观察和模仿潜移默化地发展起来的。

(1) 游戏可以帮助幼儿"去中心化",促进其自我意识的发展。在游戏中,幼儿会经常遇到别人的想法和观点跟自己不一致的情况,也会遇到扮演不同角色的情况,这有助于幼儿认识到每个人是不一样的,要学习协调和接受别人不同的想法,站在他人或角色的角度思考和看待问题,从而逐步克服自我中心。

(2) 游戏能促进幼儿社会交往能力的提高和亲社会行为的培养。在游戏中,幼儿如果想要和别人在一起玩或者使用同一件玩具,往往需要学会协商、合作、相互谦让、分享、等待、有礼貌、互助、关心等社交技巧和行为。

(3) 游戏有助于幼儿掌握社会道德行为规范。幼儿的游戏来源于社会生活,游戏的主题和内容是对现实生活的反映,幼儿可以在内容健康的社会性游戏中学习和掌握社会生活中的道德行为规范,并将其迁移到现实生活中,这有助于缩短他们掌握社会行为规范的过程。但需要注意的是,现实社会生活的内容并不都是积极健康的,也会有一些不良现象,这也会不可避免地体现在幼儿的游戏中,而幼儿年龄小,生活经验和社会经验不足,分辨是非的能力较差,因此需要成人尤为关注,并进行科学的引导和帮助。

活动：交流研讨幼儿游戏的价值

结合所学知识,选择一位同伴,再次交流"情境导入"部分的问题。

四、幼儿游戏的类型

在对幼儿游戏研究的过程中,不同的研究者研究视角不同,对游戏类型的解释也不一样。典型的游戏分类主要有以下几种。

微课：幼儿游
戏的类型

（一）从幼儿认知发展的角度分类

认知发展学派创始人皮亚杰认为,幼儿在不同的认知发展阶段会出现不同类型的游戏,他根据幼儿的认知发展特点将游戏分为练习性游戏、象征性游戏和规则游戏三种。

1. 练习性游戏

练习性游戏也被称为感觉运动游戏、机能性游戏或实践性游戏,是幼儿游戏发展的第一阶段和最初形式,出现在0～2岁的感知运动阶段,如摇铃、拍水、滚球、滑滑梯等。这类游戏主要由简单的重复动作组成,游戏的动因在于感觉运动器官在运用过程中所获得的快感,可以说幼儿在进行游戏时所遵循的原则是"动即快乐"。

2. 象征性游戏

象征性游戏也被称为假装游戏或符号游戏,是2～7岁幼儿最典型的游戏形式。象征性游戏的典型特征是假装,是幼儿以模仿和想象为手段进行的游戏形式,包括以物代物、以人代人、以动作代动作等。3岁之前幼儿的象征性游戏主要是动作的象征,如拿起碗和勺子假装吃饭、拿起梳子假装梳头发等;三四岁以后,幼儿的象征性游戏中才会出现真正的角色意识。

3. 规则游戏

规则游戏是幼儿游戏的高级发展形势，是以规则为中心、带有一定比赛性质的游戏，如下棋、打牌、老鹰捉小鸡等。这种游戏至少需要两人参加，且游戏者都需要遵守预先制定的游戏规则。由于游戏的复杂程度不同，因此这种游戏可以从幼儿时期一直延续到此后很长时间。

（二）从幼儿社会性发展的角度分类

美国学者帕顿从幼儿社会行为发展的角度将游戏分为独自游戏、平行游戏、联合游戏和合作游戏。

1. 独自游戏

独自游戏大多出现在幼儿3岁之前，主要表现是幼儿独自一个人玩玩具，每个幼儿只专注于自己，不在意周围人的活动，没有玩伴意识。

2. 平行游戏

平行游戏大多出现在幼儿三四岁左右，主要表现是幼儿仍然是各玩各的，没有交流，但他们使用的玩具或操作的材料跟其他幼儿相同或相似，幼儿之间也会出现相互模仿的现象。

3. 联合游戏

联合游戏也被称为是协同游戏，一般出现在幼儿4岁以后。这一阶段幼儿有了一定的玩伴意识，他们开始有较大的兴趣与其他幼儿一起游戏，会相互借玩具，也会加入对方的游戏中，但游戏中每个幼儿仍以自己的兴趣为中心，缺乏对游戏目的、游戏材料或规则的计划和组织。假如游戏中一名幼儿退出，其他人的游戏并不会受到影响。

4. 合作游戏

合作游戏大多出现在幼儿5岁以后，主要特征是幼儿游戏时会以集体的共同目标为中心，游戏中有明确的分工，合作意识和规则意识较强，还可能出现1~2个领导者。

（三）从游戏教育作用的角度分类

苏联根据教育实践中如何以游戏作为促进幼儿发展的途径，将游戏分成创造性游戏和规则性游戏两类。我国幼儿教育受到苏联教育模式的影响，当前幼儿园中对幼儿游戏的分类也是如此。

1. 创造性游戏

创造性游戏以儿童的自主创造为主，关注游戏对于幼儿主动性、创造性发展的促进作用，包括角色游戏、结构游戏和表演游戏。

2. 规则性游戏

规则性游戏主要是教师创编或师幼一起创编、组织的游戏，以规则为核心，幼儿游戏时必须遵循游戏的规则，包括体育游戏、音乐游戏、智力游戏等。

我的经验：我小时候玩的游戏

　　请任意选择小时候玩过的3种游戏，并说一说这些游戏属于哪一种分类，尝试分析其特征。

专家观点

幼儿园如何落实"以游戏为基本活动"？

北京师范大学　刘焱

1. 确保幼儿每天都有充足的自由游戏时间

　　幼儿园要做到"以游戏为基本活动"，首先要保证幼儿愉快的、有益的自由游戏活动。幼儿的自由游戏活动是幼儿真正的游戏。

　　若要保证幼儿愉快且有益地自由游戏活动，就要在一日活动的安排中确保幼儿有充足的自由游戏时间。在每天两小时（冬季为每天一小时）的户外活动中，除教师组织的集体活动（如早操、集体游戏等）以外，应当注意为幼儿留出自由游戏的时间，让幼儿自由地奔跑跳跃、嬉戏探索，满足幼儿自由自在活动的欲望。在安排户内活动时，要保证幼儿每天至少有一个整段时长为一小时左右的区域自由游戏活动时间。保证充分的自由游戏时间，是幼儿园以游戏为基本活动的基本条件。

　　除确保幼儿每天都有充足的自由游戏时间以外，还应在过渡环节和户外活动中恰当地组织集体游戏活动。在户外活动和过渡环节等时段，要恰当合理地组织幼儿进行集体游戏活动，满足幼儿游戏娱乐的需要，使活动顺利转换、动静交替，减少幼儿消极等待的现象。

2. 创设良好的、反映幼儿兴趣的游戏环境

　　为幼儿创设良好的、反映幼儿兴趣的游戏环境是支持幼儿主动学习的重要方式。除了要保证幼儿在一日活动中有充足的自由游戏活动时间，幼儿园还应为幼儿创设安全、空间充足、结构合理、材料丰富的游戏活动环境，为幼儿自由游戏提供空间和材料方面的保障。

3. 在非游戏活动中注入游戏的因素

　　在幼儿园一日生活中，除了游戏活动外，还有许多"非游戏活动"，例如生活活动、集体教学活动等。为了调动幼儿参与活动的积极性，教师可以利用游戏因素（如游戏的口吻、

角色扮演、竞赛性游戏等)和游戏的方式(如手指游戏等)来组织非游戏活动,激发幼儿参与活动的兴趣,增加非游戏活动的趣味性和吸引力,使非游戏活动游戏化,提高活动的效果。

我的理解：请将你对"专家观点"的看法和感悟写在下方。

岗证赛课融通

一、对接幼儿园工作岗位

请选择幼儿园经常开展的一类游戏,两人一组,一人扮演幼儿教师,一人扮演幼儿家长,交流这类游戏的价值。请将交流提纲撰写在下方。

二、对接幼儿园教师资格证

1.(2023年上半年　综合素质)【单项选择题】某幼儿园为给幼儿今后的学习发展打下坚实的基础,在大班教授小学语文和小学数学的内容,该幼儿园的做法(　　)。

　　A. 符合幼儿关键期的教育要求　　　　B. 彰显了关爱幼儿的教育理念

　　C. 不符合全面发展的教育理念　　　　D. 违背了幼儿的身心发展规律

【答案】　D

2.(2022年下半年　保教知识与能力)【简答题】简述游戏对幼儿发展的作用。(请将你的答案写在下方)

3.(2022年上半年　保教知识与能力)【单项选择题】关于自发性游戏的正确观点是(　　)。

　　A. 幼儿园游戏不包括自发性游戏　　　B. 自发性游戏不需要教师指导

　　C. 教师组织的游戏比自发性游戏有价值　D. 自发性游戏具有多种教育价值

【答案】　D

4.(2018年上半年　综合素质)【单项选择题】幼儿在游戏时总是喜欢争抢玩具。对此,胡老师不合适的做法是(　　)。

　　A. 组织幼儿讨论玩具使用规则　　　　B. 让幼儿说明会争抢玩具的理由

　　C. 表扬幼儿的分享及合作行为　　　　D. 让争抢玩具的幼儿站到墙角

【答案】　D

5.(2012年上半年)【简答题】游戏满足了幼儿身心发展的哪些需要?(请将你的答案写在下方)

6.(2020年下半年　保教知识与能力)【单项选择题】幼儿赛跑、下棋一般属于(　　)。

　　A.表演游戏　　　　B.建构游戏　　　　C.角色游戏　　　　D.规则游戏

【答案】　D

7.(2015年上半年　保教知识与能力)【单项选择题】儿童最早玩的游戏类型是(　　)。

　　A.练习游戏　　　　B.规则游戏　　　　C.象征性游戏　　　　D.建构游戏

【答案】　A

8.(2014年上半年)【单项选择题】幼儿反复敲打桌子,在房间里跑来跑去,在椅子上摇来摇去,这类游戏属于(　　)。

　　A.结构游戏　　　　B.象征性游戏　　　　C.规则游戏　　　　D.机能性游戏

【答案】　D

三、对接幼儿教育技能大赛

1.(2021年山东省)【幼儿教师职业素养测评——专业理论知识选择题】几名幼儿围坐在桌子旁插积塑,他们从桌子中央的玩具筐里取出积塑插片,有的插成了一根变形金刚,有的插成了一辆汽车,有的插成了房子。他们的游戏属于(　　)。

　　A.独自游戏　　　　B.平行游戏　　　　C.联合游戏　　　　D.合作游戏

2.(2020年全国)【幼儿教师职业素养测评——专业理论知识选择题】以下不属于根据认知发展进行游戏分类的是(　　)。

　　A.练习性游戏　　　　B.象征性游戏　　　　C.规则游戏　　　　D.扮演游戏

3.(2020年全国)【幼儿教师职业素养测评——专业理论知识选择题】小班的张老师经常组织幼儿玩各种游戏,"东西"参加这些游戏后,由入园时的焦虑不安、乱发脾气,到现在每天都能开开心心,说明游戏可以促进幼儿(　　)。

　　A.情感的发展　　　　B.语言的发展　　　　C.认知的发展　　　　D.社会性的发展

4.(2020年全国)【幼儿教师职业素养测评——专业理论知识选择题】以下几种游戏中,社会性程度最高的游戏是(　　)。

　　A.单独游戏　　　　B.平行游戏　　　　C.联合游戏　　　　D.合作游戏

5.(2020年全国)【幼儿教师职业素养测评——专业理论知识选择题】下列有关幼小衔接的说法,正确的是(　　)。

　　A.幼儿入学适应困难,是因为幼儿园教育过于游戏化

　　B.幼小衔接完全是幼儿园的责任

　　C.幼儿园的幼小衔接工作不仅仅在大班,小中班也应该开展

　　D.幼小衔接主要是教幼儿拼音、汉字等内容

6.(2020年全国)【幼儿教师职业素养——专业理论知识选择题】智力游戏、体育游戏和音乐游戏是(　　)。

　　A.创造性游戏　　　　B.规则游戏　　　　C.表演游戏　　　　D.个人游戏

7.(2020年全国)【幼儿教师职业素养——专业理论知识选择题】关于幼儿的学习,下列说法错误的是(　　)。

　　A.幼儿的学习以直接经验为基础

　　B.幼儿在游戏和日常生活中学习

C. 要重视幼儿学习品质的培养

D. 要最大限度让幼儿通过间接感知和亲身体验获取经验

学习评价

姓名：　　　　　　班级：　　　　　　日期：

评价标准	自我评价 （达到打√， 未达到画○）	小组评价 （达到打√， 未达到画○）	教师评价 （达到打√， 未达到画○）
能分辨幼儿游戏与成人游戏的区别			
能理解游戏与幼儿发展的关系			
能结合所学知识分析幼儿游戏的价值			
能描述幼儿游戏的类型并在实践中进行区分			

学习感悟

学习任务 3　掌握幼儿游戏指导的方式

学习目标

1. 理解成人在幼儿游戏中的角色和地位。
2. 掌握指导幼儿游戏的基本过程和策略方法。
3. 树立科学正确的幼儿游戏观。

情境导入

幼儿园王老师和李老师正在讨论如何指导幼儿开展自主游戏。

王老师认为,幼儿是自主游戏的主人,教师是自主游戏的旁观者,当幼儿寻找游戏材料、创造游戏主题时,教师应该沉默,不应该主动发表建议。李老师认为,虽然幼儿是自主游戏的主人,但教师应成为自主游戏的支持者。当幼儿寻找游戏材料、创造游戏主题发生困难时,教师应提供语言、行为等方面的支持。

思考:你赞同哪位教师的观点? 为什么?

我的答案:

_____

_____

基础知识

一、幼儿游戏指导的意义和价值

游戏是幼儿的基本活动,也是幼儿的自主性活动。幼儿游戏的开展和进行会受到多种因素的影响,且由于幼儿年龄小,缺乏知识经验和操作技能,也会常常导致游戏中断的情况出现。因此,成人对于幼儿游戏的指导就显得尤为重要。

微课:幼儿游戏指导的意义和价值

《幼儿园教育指导纲要(试行)》明确指出要"关注幼儿在活动中的表现和反应,敏感地察觉他们的需要,及时以适当的方式应答,形成合作探究式的师生互动"。幼儿游戏的实践表明,成人指导幼儿游戏可以提升幼儿游戏的质量和水平,充分发挥游戏的教育价值,促进幼儿多方面的发展。

在指导幼儿游戏的过程中,成人一方面可以全面了解幼儿的发展状况和水平,从而对幼儿的游戏进行科学的、有针对性的指导和帮助,有助于更好地评价幼儿的游戏;另一方面成人也可以更好地预设幼儿游戏的环境,避免外在不良因素对幼儿游戏产生不必要的影响。

活动：我的认知

　　请扫码观看二维码中的案例，并分析成人指导的意义和价值。

幼儿游戏指导
案例：大班幼
儿"跳水"游戏

二、成人在幼儿游戏中的角色和地位

　　在游戏中，幼儿是主人，成人必须要准确把握在幼儿游戏中的角色和地位，不可盲目地对幼儿游戏进行指导。

微课：成人在
幼儿游戏中的
角色和地位

（一）成人是幼儿游戏环境的预设者

　　幼儿的游戏是不断发展变化的，不同年龄阶段的幼儿游戏的水平和特点不尽相同，成人要根据幼儿的兴趣、需要、经验和发展水平为他们选择或提供适当的游戏，预设幼儿游戏的环境，提供适宜的游戏材料。

　　（1）成人要了解不同年龄阶段幼儿的生理、心理发展水平和特点，同时考虑个体差异性，分析幼儿所处的游戏发展阶段，为预设良好的游戏打好基础。

　　（2）成人要丰富幼儿的生活经验。幼儿的游戏是对其日常生活的反映，生活经验越丰富，幼儿游戏的主题、内容就越丰富，游戏选择的可能性也就越大。因此，成人要善于利用日常生活中的各种机会，如外出参观、故事阅读、谈话讨论、各种教育教学活动等，丰富幼儿的生活经验。

　　（3）成人要为幼儿的游戏提供充足的游戏时间。充足的游戏时间是保证幼儿游戏顺利开展的首要条件。有了充足的时间，幼儿才会尽情地探索和尝试，才能愉快地投入游戏、体会游戏的趣味，达到游戏的目的。因此，成人要给予幼儿充分的游戏时间，尽可能地规划好幼儿的一日生活，使幼儿获得游戏的满足感。

　　（4）成人要为幼儿提供适宜的游戏空间和游戏材料，激发幼儿游戏的愿望。幼儿游戏的内容和主题不同，所需的游戏空间和材料也就不同。成人要准确分析幼儿的兴趣和需要，把握不同游戏的特点和结构，根据游戏的需求提供大小适宜的游戏场地，提供安全卫生、丰富多样的游戏材料。

活动：幼儿游戏环境创设分析

　　请在下方粘贴一张幼儿园幼儿游戏环境的照片，并分析成人是如何预设幼儿游戏环境的。

（二）成人是幼儿游戏的观察者、支持者和评价者

　　著名教育家陶行知先生曾说："教育为本，观察先行。"观察是成人了解幼儿游戏的重要手段，也是支持和评价幼儿游戏的重要前提和依据。《幼儿园教育指导纲要（试行）》指出："平时观察所获的具有典型意义的幼儿行为表现和所积累的各种作品等，是评价的重要依据。"在幼儿游戏的过程中，成人可以观察幼儿游戏的环境和材料、观察幼儿在游戏中的表现和行为等。通过观察幼儿的游戏，成人可以了解幼儿的兴趣和需要，从而为设计适宜幼儿的游戏打基础。

　　游戏是幼儿的自主性活动，这就意味着在幼儿的游戏中，成人是幼儿游戏的辅助者和帮助者。正如虞永平教授所言："孩子的成长有其自然规律，外部环境的助力也必须在内在能力的驱动下才能发挥作用，我们给孩子的支持应该追随孩子真正的需要。"在幼儿游戏的过程中，成人可以从两方面支持幼儿的游戏。

　　（1）成人可以为幼儿提供材料支持和语言支持。当幼儿游戏中缺少某种游戏材料或遇到某种游戏困难而导致游戏中断时，成人可以根据实际情况为幼儿提供游戏的材料或进行语言的引导和提醒等。

　　（2）成人可以施加游戏角色的支持。例如在游戏中，幼儿缺少了游戏的同伴，教师可以扮演这个角色，从而促进幼儿游戏顺利进行。

　　评价是幼儿游戏指导的重要环节，在幼儿的游戏中，成人还是评价者。《幼儿园教育指导纲要（试行）》指出："教育评价是幼儿园教育工作的主要组成部分，是了解教育的适宜性、有效性，调整和改进工作，促进每一个幼儿发展，提供教育质量的必要手段。"在幼儿游戏中，成人通过对幼儿游戏的观察与记录，可以对幼儿游戏的环境和材料、幼儿游戏的表现等进行评价。例如，在幼儿游戏结束后，成人可以组织幼儿进行游戏的讲评，引导幼儿分享游戏体验、交流游戏的过程和收获，在此过程中，实现幼儿经验之间的共享，实现幼儿个体和集体之间的有效互动，对提升幼儿的游戏水平、促进幼儿的发展具有良好的作用。

活动：访谈幼儿教师

　　请访谈一位幼儿园教师，结合某次游戏活动，谈一谈自己是如何观察、支持和评价幼儿游戏活动的。

　　访谈时间：

　　访谈对象：

　　访谈目的：

　　访谈过程：

　　访谈反思：

三、幼儿游戏指导的基本过程

　　成人何时指导幼儿的游戏、如何指导幼儿的游戏，对幼儿游戏的发展起着重要的作用，适宜的指导可以提升幼儿的游戏水平，反之则会对幼儿的游戏造成不必要的干扰。

微课：幼儿游戏
指导的基本过程

（一）通过观察确定指导的必要性

　　上文提到，观察是指导幼儿游戏的前提，因此，在指导幼儿游戏时，成人首先要通过观察确定指导的必要性。这就需要成人密切观察幼儿游戏的过程，及时发现幼儿的需求，了解幼儿游戏的现状和存在的问题，并预先估计指导的后果。只有这样才能准确地做出判断，使指导变得有效。

（二）把握指导的适宜时机

　　游戏是幼儿探索和发现的过程，在此过程中，幼儿可能会遇到各种各样的问题，但不是所有的情况都需要成人的指导。因此，成人还要把握好指导幼儿游戏的时机，学会在等待中抓住时机。通常来讲，当成人通过观察发现幼儿的游戏中出现以下情况时，可以进行干预指导。

　　（1）当幼儿遇到困难（如缺少游戏材料、游戏材料超出幼儿发展水平或游戏缺少同伴等），即将放弃游戏时。

　　（2）当幼儿对游戏失去兴趣，但又没有明确的新的游戏主题和内容时。

　　（3）当幼儿与其他同伴出现矛盾和冲突时（如发生角色争抢、游戏中意见不一致或分工不合理等)。

（4）当游戏中出现消极、不健康的内容和主题时。

（5）当游戏中幼儿出现负面行为时（如说脏话、故意破坏游戏材料或不遵守游戏规则等）。

（6）当幼儿主动寻求帮助时。

幼儿游戏指导案例：
大班幼儿"跳水"游戏

我的发现：幼教实践中的指导时机选择

请扫码观看游戏案例，分析幼儿教师游戏指导的时机。

（三）确定指导的方法和策略

在确定指导的必要性和指导的时机之后，成人要采取适宜的方法和策略对幼儿的游戏进行干预和指导。一般来说，成人在指导幼儿游戏时，可以是游戏者，也可以是旁观者。

1. 游戏者

当成人是游戏者时，可以采取平行游戏和共同游戏的方式指导幼儿。

（1）平行游戏。平行游戏是指成人与幼儿玩相同的游戏，但彼此没有互动和交流，成人并不干扰幼儿的游戏行为。例如，当教师通过观察发现幼儿在搭积木时因为缺少一块积木而导致游戏中断，此时教师可以在幼儿旁边也搭积木，假装遇到了相同的问题，教师可以用寻找替代物的方式解决问题，引发幼儿的模仿。在此过程中，教师没有对幼儿的游戏进行直接的干预和指导，而是一种行为示范和暗示指导，既支持了幼儿的游戏，让幼儿感到被尊重，又帮助幼儿解决了问题。

（2）共同游戏。共同游戏顾名思义就是成人与幼儿一起游戏。当幼儿需要成人的参与或成人通过观察发现确需参与幼儿游戏时，成人进入幼儿的游戏中扮演其中的一个角色，通过与幼儿的互动、角色与角色之间的互动完成对幼儿的指导。例如，当幼儿在进行小医院游戏时，缺少了病人，教师就可以进入游戏中扮演病人，配合幼儿的游戏，促使幼儿游戏能顺利进行。需要注意的是，在此过程中，教师要时刻尊重幼儿的主体地位并适时退场。

2. 旁观者

当成人是旁观者时，可以采取言语指导和非言语指导的方式指导幼儿。

（1）言语指导。语言交流和互动是成人指导幼儿游戏的直接手段之一，也是使用比较广泛的方法。在幼儿游戏的过程中,成人可以采用提出问题、提供建议、发表评论等方式指导幼儿的游戏。例如,幼儿在角色扮演游戏中,教师对幼儿的行为进行评价:"售货员的声音真洪亮!"又或者当幼儿无所事事时,教师询问幼儿:"你想去积木区玩吗?"

(2)非言语指导。在指导幼儿游戏时,成人还可以采用面部表情、眼神提醒、动作示范等非言语指导的方式。例如,当幼儿在游戏中表现出良好的行为和品质时,成人可以用点头、赞许的目光等肯定幼儿的行为;当幼儿不遵守游戏规则时,成人也可以用摇头、摆手或否定的眼神进行提醒等。

总之,无论成人采用哪种方式指导幼儿的游戏,都要以尊重幼儿为前提,同时考虑幼儿游戏的个体差异性,保持正确的教育理念和态度,把握好指导的时机,给幼儿提供适当的自主选择和自由游戏的时间,采取正确的方式参与、指导幼儿的游戏。

我的发现:幼教实践中的指导方法和策略

请通过查找文献或实地参观等方式,呈现一个幼儿游戏指导案例。

专家观点

在游戏活动中教师该如何给予支持、引导?

华东师范大学 朱家雄

首先,教师需要思考的不是如何设计游戏,也不是如何投放材料这些问题,而是教师了解儿童吗?孩子在想什么,感受如何,他们能做什么,想做什么。当教师开始思考这些问题的时候,就会自然地、自主地去做一件事情,那就是安静地观察儿童。其实,教育就是一系列偶然事件中,教师智慧的反馈与幼儿心灵产生的共振。

其次,当教师开始认真观察儿童的时候,就会有更多的问题出现。例如,哪些行为是社会期待的,哪些是幼儿这个年龄段特有的,哪些是幼儿内在需求未被满足而出现的"柔软的抗争性"的行为。这些问题的思考是教师进入游戏指导环节的重要准备。如果教师不清楚幼儿年龄特点,以及发展目标之间的距离,也不知道幼儿哪些内在需要未被满足,则很难做出及时、合理的游戏指导。

最后,从心理学上来说,游戏可以等于幼儿的学习过程,但它不等同于课程,更不是教学过程。教师完全没有必要为了迎合某些理念而否定集体教学的价值,因此需要分清楚集体活动不等于集体教学活动,哪些有着明确目标、设计结构紧凑巧妙的集体教学活动,与由幼儿主导的游戏活动有着本质的区别。

我的理解：请将你对"专家观点"的看法和感悟写在下方。

岗证赛课融通

一、对接幼儿园工作岗位

新入职的李老师发现每次区域活动时,班里总会有一些小朋友不知道要干什么,要么坐在座位上发呆,要么东走走、西逛逛,还会时不时地干扰到别人的游戏。

面对这种情况,李老师不知所措:因为区域活动强调幼儿的自主性,教师要尊重幼儿的游戏意愿,不能强制他们进行游戏,那么我是不是什么都不需要做呢? 请你结合所学知识给李老师支支招。

请选择一位同学作为李老师,进行模拟沟通交流,并将交流提纲撰写在下方。

二、对接幼儿园教师资格证

1.(2022年下半年 综合素质)【单项选择题】因为小三轮车数量有限,中班幼儿常为"谁骑车"而争论不休。一天,小雯跑到李老师面前说:"小莉不让我骑三轮车。"对此李老师不恰当的做法是( )。

A. 小雯,我们玩别的玩具吧

B. 小莉,让小雯骑,等会儿我让你发点心

C. 小雯,可以这样对小莉表达你的想法

D. 小莉,我知道你是懂得谦让的好孩子

【答案】 B

2.(2022年上半年 综合素质)【单项选择题】"拼图"游戏时,王老师见"东西"反复地拿起这块放下那块,不知该拿出哪块,急得满脸通红、满头大汗。对此,王老师恰当的说法是( )。

A."不要着急,我们再试试吧。"　　　B."你看看,晓红是怎么拼的。"

C."试试红色正方形的拼板吧。"　　　D."仔细看一下颜色和形状。"

【答案】 D

3.(2017年下半年 综合素质)【单项选择题】周老师在活动课中趁孩子自主游戏的时候,拿出手机看微信,并给有些孩子看手机上漂亮的图片和有趣的小视频。周老师的做法( )。

A. 不正确,不利于公平地对待幼儿　　　B. 不正确,不利于保护幼儿的安全

C. 正确,有助于拓宽幼儿的知识面　　　D. 正确,有助于建立和谐的师友关系

【答案】 B

4.(2017年上半年 综合素质)【材料分析题】小二班有个叫涛涛的孩子,因为有全家人的宠爱,自己的东西从来不让别人碰,还很任性。一天,幼儿园开展区域游戏活动,涛涛想去搭积木,可是建构区里已经挤了很多孩子,涛涛不管那么多,拼命往里挤,边挤边推正在堆积木的幼儿,嘴里还嚷嚷着:"你们让开,我先玩。"看见没有人让自己,他一屁股坐在地上大哭起来。这个过程被李老师看在眼里,李老师走过去将涛涛扶起来,说:"涛涛,你继续哭的话,那么多好玩的玩具你都玩不到的,不如我们先到别的地方玩,等一会儿再回来搭积木。"涛涛止住了哭声,点了点头,跟李老师走到另一个活动区玩起了拼图,一会儿就拼出小花来,涛涛开心地笑了。李老师趁机说:"我们能不能邀请其他小朋友一起来拼出更有趣的图案呢?"涛涛点点头,高兴得跑去找小朋友了。

之后,李老师有意引导涛涛和其他小朋友玩游戏,慢慢地,涛涛不再只顾自己的感受,也能与同伴分享玩具。

【问题】结合材料,从教师职业道德的角度,评析李老师的教育行为。(请将你的答案写在下方)

三、对接幼儿教育技能大赛

1.（2020年全国）【**幼儿教师职业素养测评——专业理论知识选择题**】老师组织集体游戏时，发现小丽独自一人专注地看着落在地上的小水珠，老师走过去对小丽说："还是先跟大家一起玩吧，游戏后再观察，然后把看到的告诉老师和小朋友，好吗?"该教师的做法（　　　）。

A. 保护了幼儿自主探究的兴趣　　　　B. 忽视了幼儿仔细观察的需求

C. 忽视了游戏活动的目的　　　　　　D. 培养了幼儿的动手能力

2.（2020年全国）【**幼儿教师职业素养测评——专业理论知识选择题**】幼儿园创造交往的机会，让幼儿体会交往的乐趣，下列选项错误的是（　　　）。

A. 主动亲近和关心幼儿，经常和他一起游戏或活动

B. 利用各种良好的时机，鼓励幼儿与他人接触和交谈

C. 鼓励幼儿多和自己兴趣相投的小朋友玩游戏，感受一起玩的快乐

D. 多为幼儿提供自由交往和游戏的机会，鼓励他们自主选择、自由结伴

学习评价

姓名：　　　　　　班级：　　　　　　日期：

评 价 标 准	自我评价 （达到打√， 未达到画○）	小组评价 （达到打√， 未达到画○）	教师评价 （达到打√， 未达到画○）
能理解成人在幼儿游戏中的角色和地位			
能通过观察确定幼儿的游戏是否需要指导和帮助			
能掌握幼儿游戏指导的方法和策略并在实践中运用			

学习感悟

项目 2
角色游戏

角色游戏是幼儿期最典型、最有特色的一种游戏,也是最受幼儿喜欢的一种游戏形式。角色游戏是指幼儿运用模仿和想象,通过角色扮演,创造性地反映现实生活的一种游戏,如娃娃家等。从游戏的性质看,角色游戏属于自主游戏;从游戏的分类看,角色游戏属于象征性游戏和创造性游戏。

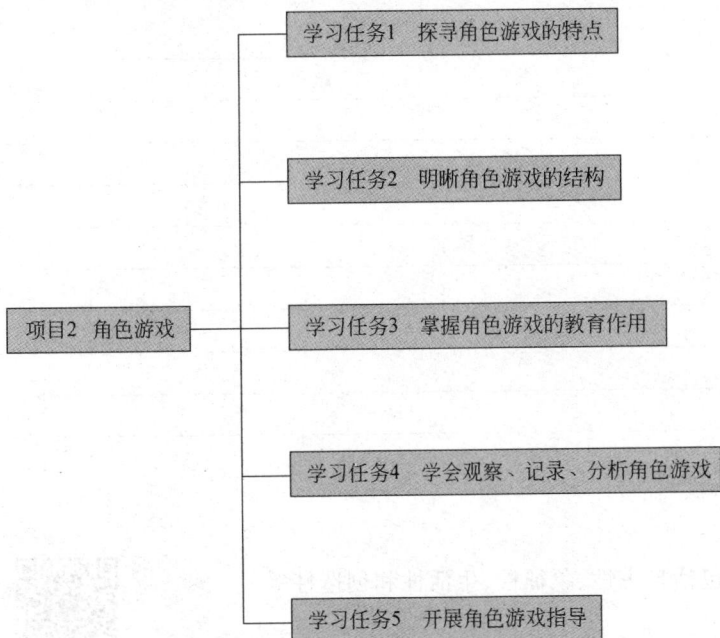

```
                        ┌─────────────────────────────────┐
                        │ 学习任务1  探寻角色游戏的特点      │
                        └─────────────────────────────────┘

                        ┌─────────────────────────────────┐
                        │ 学习任务2  明晰角色游戏的结构      │
                        └─────────────────────────────────┘

┌──────────────┐        ┌─────────────────────────────────┐
│ 项目2  角色游戏 │───────│ 学习任务3  掌握角色游戏的教育作用   │
└──────────────┘        └─────────────────────────────────┘

                        ┌──────────────────────────────────────┐
                        │ 学习任务4  学会观察、记录、分析角色游戏   │
                        └──────────────────────────────────────┘

                        ┌─────────────────────────────────┐
                        │ 学习任务5  开展角色游戏指导        │
                        └─────────────────────────────────┘
```

学习任务 1　探寻角色游戏的特点

学习目标

1. 理解角色游戏的特点。
2. 能够运用所学的角色游戏的特点知识,分析幼儿园的角色游戏实践。
3. 能够用通俗易懂的语言与幼儿家长交流角色游戏的特点。
4. 能够理解幼儿的角色游戏与其生活经验的关系。

情境导入

在幼儿园,你会看到这样的场景:有的幼儿扮演医生,有的扮演理发师,有的扮演厨师,还有的扮演快递员。看病、美容、购物、旅游……孩子们穿戴好服饰,投入到自己的角色中,体验着各种角色要开展的工作,尽职尽责,忙而不乱。

思考:幼儿们玩的是什么游戏?这类游戏有哪些特点?

我的答案:

_____

_____

_____

_____

_____

_____

_____

_____

_____

_____

基础知识

角色游戏的特点一般包括自主性、象征性、生活性和创造性等。

微课:角色
游戏的特点

一、自主性

角色游戏是幼儿基于自己的兴趣需求,发挥自己的主体性,自主选择游戏内容和游戏形式的一种游戏,因此,角色游戏具有自主性。在角色游戏中,幼儿以"快乐"和"满足"为目的,按自己的意愿行事,自由选择、自主开展、自发交流,天性得以自由表现。

对点案例

某幼儿园创设了"七步式"幼儿自创角色游戏组织模式：游戏主题我来定—游戏地点我做主—游戏玩乐我来想—收拾整理我负责—分享交流我来说，真正实现了"我的游戏我做主"。

活动：对接已有经验

请结合自身经验，写一写你对"自主性"的认识。

二、象征性

角色游戏是以"角色扮演"为表征手段的象征性游戏。在角色游戏中，幼儿一般会出现四种表征方式，即以人代人、以人代物、以物代人、以物代物。

以人代人是指幼儿在游戏中通过自己的形体动作、表情、言语等来模仿或假装成他人或某一非属于自己真实身份的角色的行为及其特征，如幼儿假扮自己为"妈妈"。

对点案例

游戏时间，幼儿然然喊道："晨检啦，晨检啦！"宇宇小朋友走近然然，说："我来晨检。"只见然然拿起"额温计"，对着宇宇的额头"量"了一下，然后说："体温正常。"

以人代物是指幼儿在游戏中通过自己的形体动作等来模仿或假装成某一物品，如站立着，表示自己是一棵大树。

以物代人是指幼儿在游戏中利用某一物品，假扮成真人，如把玩偶假扮成真的宝宝。

以物代物是指幼儿利用当前事物替代暂时不在眼前或是想象中的事物，其实质是幼儿对游戏材料和物体的象征性想象行为，如幼儿拿牙膏盒当宝宝的枕头。

对点案例

在角色游戏《小吃店》中，某幼儿拿着雪花片说："老师，你看，我的钱，我现在来买好吃的。"

某幼儿端着一盘雪花片大喊："卖冰淇淋喽，绿色的是哈密瓜味的，黄色的是柠檬味的，蓝色的是蓝莓味的。"

某幼儿站立着，说："我是一个好吃的冰糖葫芦，有买的吗？"

某幼儿抱着一个兔子玩偶，说："宝宝，妈妈带你去买好吃的。"

活动：对接幼教实践

请利用网站、微信公众号等平台，收集幼儿角色游戏案例，并呈现幼儿在角色游戏中表征的具体案例。

以人代人：

以人代物：

以物代人：

以物代物：

三、生活性

角色游戏是幼儿对自身生活经验积累的一种积极主动的再现活动。从游戏主题到游戏角色，再到游戏材料和游戏情节，都与幼儿的社会生活经验密切相关。可以说，幼儿的生活经验越丰富，其角色游戏的内容就越丰富，角色游戏的质量也就越高。

活动：走进幼教实践

请走进幼儿园，观察幼儿的角色游戏，并描述幼儿进行的角色游戏。

四、创造性

角色游戏的创造性特点体现在两个方面：一是角色游戏虽然源于生活，但高于生活，是幼儿对成人生活的模仿和改造。也就是说，角色游戏是幼儿生活经验的创造性呈现。二是在角色游戏中，幼儿通过表征，创造性地使用游戏材料，尤其在"以物代物"的表征中最为明显。例如，树枝、石头、瓶盖等这些低结构材料，都可以被幼儿当作各种替代物。

> **知识拓展**
>
> ## 什么是低结构材料
>
> 低结构材料，顾名思义就是指其结构松散，可变性强，内容宽泛，玩法多样的一类材料。延展一下就是在用料上不会太浪费，用料简单，生活中常见，操作上也不会很困难，上手难度低的一类材料，具有可变性强、可塑性高的特点。
>
> 幼儿园的环境创设不追求设置专门的功能教室，避免奢华浪费和形式主义；玩具材料以低结构材料为主。
>
> ——《幼儿园保育教育质量评估指南》
>
> 对游戏材料进行开放式低结构投放，将会诱导幼儿的游戏行为，幼儿控制材料；而对材料进行封闭式高结构投放，将诱导幼儿个别化作业活动，材料控制幼儿。
>
> ——华爱华

对点案例

在幼儿园的沙池中,有几个小女孩正拿着铲子、小桶、耙子等蹲在角落里商量着什么,原来她们在商量着做"蛋糕"! 这个想法是馨馨提出来的,因为今天是玮玮的生日,馨馨想到了用沙子做一个生日蛋糕给玮玮庆祝生日,大家纷纷表示同意。

馨馨带着几个小朋友用铲子挖起沙来,等挖了一堆沙子后,开始用铲子拍打着沙子塑形,她们想做一个圆形的"蛋糕",因为这个形状不好做,她们就开始各自想办法。突然,馨馨说:"我有办法了!"说着跑去材料库拿来了一个圆形的盆,扣在沙子上印了一个圆圈。玮玮见状兴奋地说:"你太聪明了,这下就可以做'蛋糕'了。"只见馨馨指挥着玮玮用铲子往印的圆圈里铺沙子,然后吩咐琪琪、晨晨去找做"蛋糕"用的材料,不一会儿,她俩找来了黄色的树叶和绿色的小草,她们把树叶和小草撕碎,均匀地撒在"蛋糕"上,树叶是"水果",小草是"绿色的奶油",一个漂亮的"水果蛋糕"做好了。

资料来源:张莎莎.用低结构材料提高幼儿"以物代物"的能力[J].儿童与健康,2020(6):22-24.

活动:创造性大挑战

请两位同学一组,一位同学随意拿起身边的一个物品,另外一位同学说出在幼儿角色游戏中,该物品可以替代什么物品。

该活动可以两位同学轮流进行,比一比谁说出的替代物品数量多。

专家观点

角色游戏中的"以物代物"
南京师范大学 邱学青

幼儿在角色游戏中的"以物代物",一方面是对游戏材料的创造性使用,可以在一定程度上弥补游戏材料的不足、丰富游戏的情境和内容;另一方面也是幼儿思维发展的一项成就,表明幼儿的思维已经摆脱具体事物的束缚,进入表征思维的领域。

我的理解：请将你对"专家观点"的看法和感悟写在下方。

💻 岗证赛课融通

一、对接幼儿园工作岗位

在现实生活中,好多幼儿家长无法理解幼儿的角色游戏,总觉得幼儿在"瞎玩"。请结合角色游戏的特点,选择任一主题的角色游戏,两人一组进行模拟,为幼儿家长解读幼儿角色游戏。请将解读提纲撰写在下方。

二、对接幼儿园教师资格证

（2017年下半年 综合素质）**【单项选择题】**最近徐老师将头发染成了红色。在一处区域活动中，"理发室"里的几个孩子边玩边说："请给我染发，我要红颜色的，像徐老师一样的红色。""我也要红颜色的。"徐老师"染头发"的行为（ ）。

A. 恰当，反映幼儿教师合理的审美需求

B. 恰当，促进幼儿审美能力的发展

C. 不恰当，不符合区域活动的组织要求

D. 不恰当，不符合幼儿教师的仪表规范

【答案】 D

三、对接幼儿教育技能大赛

1.（2020年全国）**【幼儿教师职业素养测评——专业理论知识选择题】**幼儿园的"娃娃家"游戏属于（ ）。

A. 结构游戏　　　B. 表演游戏　　　C. 角色游戏　　　D. 智力游戏

2.（2020年全国）**【幼儿教师职业素养测评——专业理论知识选择题】**幼儿拿一根竹竿当马骑，竹竿在这个游戏中属于（ ）。

A. 表演性符号　　B. 工具性符号　　C. 象征性符号　　D. 规则性符号

学习评价

姓名：　　　　　　　　班级：　　　　　　　　日期：

评价标准	自我评价（达到打√，未达到画○）	小组评价（达到打√，未达到画○）	教师评价（达到打√，未达到画○）
能够说出幼儿角色游戏的特点			
能够运用所学知识，分析幼儿园角色游戏实践			
能够用通俗易懂的语言，与幼儿家长沟通角色游戏的特点			

学习感悟

学习任务 2 明晰角色游戏的结构

学习目标

1. 理解角色游戏的结构。
2. 能够运用所学知识,分析幼儿的角色游戏实践。
3. 能够运用通俗易懂的语言,与幼儿家长交流角色游戏的结果。
4. 能够理解幼儿角色游戏中的扮演行为。

情境导入

果果在"医院"门口招揽病人,这个时候奕奕走过来说想要"看病"。果果便带领奕奕走进了诊疗区测体温、听心跳、打针、开药。接着,果果告诉"病人"去缴费窗口交钱。这时奕奕问道:"我怎么付钱?"果果说:"刷卡就行。"奕奕拿着自己的接送卡,在一旁的盒子上刷了一下,嘴里还发出"滴"的一声,随后说道:"好啦,钱付完了。"

思考:角色游戏"医院"由哪些要素构成?

我的答案:

_____

_____

_____

基础知识

角色游戏的结构是指游戏内部包含的组成要素,一般包括角色扮演、对材料的假想、对动作和情节的概括、内部规则四项。

一、角色扮演

角色扮演是角色游戏的核心。幼儿通常根据自己的情感取向对扮演的角色有很强的选择性(见图 2-1)。在角色扮演的过程中,幼儿可能扮演一个假装的角色,也可能同时扮演多个假装的角色。幼儿角色扮演水平是随着幼儿年龄的增长和角色游戏的不断深入而逐步提升的。

微课:角色游戏的结构

在小班阶段,幼儿进行角色游戏的意识不强,扮演的角色有时也不明确,也不能一直按照角色职责行动,可能会重复个别活动,如反复"喂娃娃"。

在中班阶段,幼儿进行角色游戏的意识增强,扮演的角色逐步明确,大部分时间可以按照角色职责行动,但可能会时不时地变换扮演的角色。

在大班阶段,幼儿角色游戏的目的性和计划性较强,能够事先想好玩什么,也可以按照目的持续玩,也能够一直按照角色职责行动。

图 2-1　幼儿在扮演妈妈

活动：分析幼儿比较喜欢扮演的角色

　　请利用网站、微信公众号等平台，收集幼儿角色游戏案例，并分析幼儿比较喜欢扮演的角色。

二、对材料的假想

　　角色游戏离不开对材料的假想。

　　同一材料在不同的角色游戏中可能被假想为不同的物品，如图 2-2 所示，幼儿将盒子当作楼梯。若在娃娃家游戏中，幼儿还可能将这一个盒子作为娃娃的枕头等。

　　不同的幼儿可能将同一材料假想为不同的物品，如有的幼儿将雪花片假想为各种美味的食品，有的幼儿将雪花片假想为各种颜色的小鱼。

　　在对材料的假想中，现实存在的材料为替代物，被假想成为的物品为被替代物。如雪花片为替代物,各种美味的食品或各种颜色的小鱼为被替代物。

在对材料的假想过程中,幼儿的思维会出现两种情况。一种情况是由替代物引发的想象活动,即这个东西(雪花片)可以用来做什么呢?另一种情况是由被替代物引发的想象活动,即什么东西可以用来做各种美味的食品或各种颜色的小鱼呢?

图 2-2　幼儿把盒子当作楼梯

大班幼儿角色
游戏视频

活动:分析幼儿对物品的假想

请扫码观看大班幼儿角色游戏视频,并分析幼儿对物品的假想情况。

三、对动作和情节的概括

在角色游戏中,幼儿会根据自己的生活经验,对现实生活中较为复杂的情节、动作等进行加工,使用简单、直观形象的动作表现游戏情节。如用"打针"这一动作表现"看病"的情节。

在角色游戏中,幼儿会用最典型的情节表现客观世界。如用"吃饭""睡觉""做饭"等这些简单的情节表现家庭的游戏情境,用"听诊""打针"等表现医院的游戏情境(见图 2-3)。

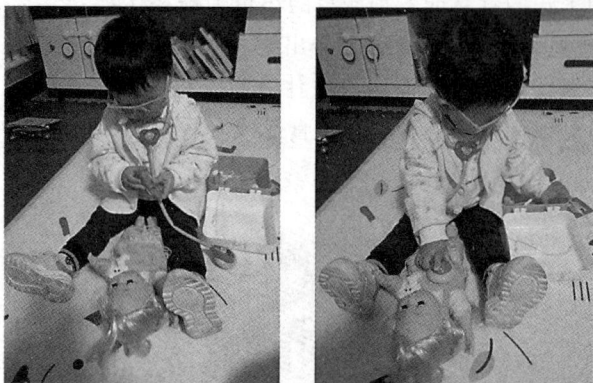

图 2-3　幼儿正在进行角色游戏

活动：分析幼儿对动作和情节的概括

　　请利用网站、微信公众号等平台，收集幼儿角色游戏案例，并分析幼儿对动作和情节的概括情况。

　　角色游戏名称：
　　真实动作和情节：

　　幼儿表现的动作和情节：

四、内部规则

　　角色游戏也是有游戏规则的，只不过与外显规则不同，角色游戏拥有内部规则，即角色游戏需要正确地表现现实生活中每个人物应有的动作及先后顺序，人们的态度及相互间的关系等。例如在医院角色游戏中，医生应该做医生该做的事情，病人应该做病人该做的事情。在看病的过程中，需要先挂号，再看病，最后拿药或打针等。也就是说，角色游戏的规则是受角色制约的，扮演哪个角色就要按照相应的角色行为来进行游戏。

活动：分析角色游戏的内在规则

请利用网站、微信公众号等平台,收集幼儿角色游戏案例,并分析角色游戏的内在规则。

案例 1

角色游戏名称：

内在规则：

案例 2

角色游戏名称：

内在规则：

案例 3

角色游戏名称：

内在规则：

专家观点

幼儿教师应直面游戏中的"不确定"

上海市教育委员会教学研究室 徐则民

"赋予幼儿游戏的自由",让幼儿在游戏中"想自己所想",教师不可避免地会面临游戏中大量的"不确定"因素。不过,教师要牢记"这未必就是坏事!"事实上,"赋予幼儿游戏自由"的过程并不可怕,"赋予幼儿游戏自由"的过程反倒能让幼儿获得更多的经验。要相信,幼儿是有能力的学习者。

我的理解：请将你对"专家观点"的看法和感悟写在下方。

岗证赛课融通

一、对接幼儿园工作岗位

某幼儿园大班开展了"我当小老师"角色游戏,请结合所学知识,分析在这一角色游戏中幼儿可以使用幼儿园的哪些物品作为角色游戏材料,可以使用哪些幼儿园的物品作为替代物,可以对哪些动作和情节进行概括,需要遵守哪些内部规则?

二、对接幼儿园教师资格证

(2020年下半年　保教知识与能力)【材料分析题】中班角色游戏中,有幼儿提出要玩"打仗"游戏,他们在材料柜里翻出好久不用的玩具吹风机当"手枪"、仿真型灯箱当"大炮","哒哒哒"地打起来,玩得不亦乐乎。李老师看到此情景非常着急,连忙阻止:"这是理发店的玩具,不能这样玩。"

【问题】

(1)请问李老师的阻止行为是否合适?请说明理由。

(2)如果你是李老师,你会怎么做?(请将你的答案写在下方)

三、对接幼儿教育技能大赛

(2020年全国)【幼儿教师职业素养测评——专业理论知识选择题】(　　　)是角色游戏最核心的要素,它统帅着其他结构要素。

A. 角色　　　　　B. 规则　　　　　C. 主题　　　　　D. 动作

学习评价

姓名:　　　　　　　班级:　　　　　　　日期:

评价标准	自我评价 (达到打√, 未达到画○)	小组评价 (达到打√, 未达到画○)	教师评价 (达到打√, 未达到画○)
能够说出幼儿角色游戏的结构			
能够运用所学知识,分析幼儿角色游戏实践			

学习感悟

学习任务 3　掌握角色游戏的教育作用

学习目标

1. 理解角色游戏的教育作用。
2. 能够运用所学知识,与幼儿家长沟通角色游戏的教育作用。
3. 树立科学的角色游戏观。

情境导入

淘淘是一位中班小男生,在平时的幼儿园集体活动中,他还不能做到严格遵守幼儿园的一日生活常规,需要老师们时不时进行提醒。但是,在角色游戏中,无论淘淘是扮演收银员,还是扮演医生,抑或扮演理发师,都可以当好自己的"角色",较好地遵守角色游戏中的内在规则。

思考:为什么会出现这种现象?角色游戏具有哪些教育作用?

我的答案:

_____

_____

_____

_____

_____

_____

基础知识

角色游戏对幼儿发展的影响是多方面的。

微课:角色游戏
的教育作用

一、角色游戏是幼儿社会化的重要途径

社会化是人们学习文化或社会中的标准、价值和期望的行为的过程。幼儿的社会化是指幼儿在与社会环境相互作用下,认识和了解社会关系及规范,形成社会交往意识,掌握社会交往技能,逐渐适应社会生活的发展过程。角色游戏是促进幼儿社会性发展的重要途径,它会促进幼儿社会交往能力、协作行为的发展,使幼儿的社会角色意识和社会角色规范得到强化,促进幼儿自我意识及社会积极性、独立性、主动性的发展。可以说,角色游戏提供了机会、场所、榜样,使幼儿的社会化变得自然而有成效。在角色游戏对幼儿发展影响的诸方面中,对幼儿社会性发展的影响是最显著且最重要的。

活动：分析角色游戏对幼儿社会化发展的作用

请利用网站、微信公众号等平台或利用幼儿园见习机会,收集幼儿角色游戏案例,并分析角色游戏对幼儿社会化发展的作用。

案例内容:

案例分析:

二、角色游戏可以促进幼儿认知能力的发展

一方面,角色游戏能够帮助幼儿对生活与社会中的各个领域进行初步认知,积攒生活经验,从而增强幼儿的认知能力、扩大其知识面。角色游戏本身就是一种智力活动,幼儿会在角色游戏中对生活活动和社会活动进行初步体验,促使其社会认知水平得以提升。

另一方面,角色游戏能够提升幼儿的想象力和创造力。幼儿正处于想象力和创造力蓬勃发展的时期,角色游戏为其提供了思维开发的载体。角色游戏是现实生活与想象活动相结合的结果,是现实生活的缩影。在角色游戏中,幼儿会创造性地模仿成人世界,会对游戏材料进行假想,会对动作和情节进行概括,这些都可以促进幼儿心智的快速发展。

知识链接　幼儿角色游戏中深度学习的一般过程模型(见图 2-4)

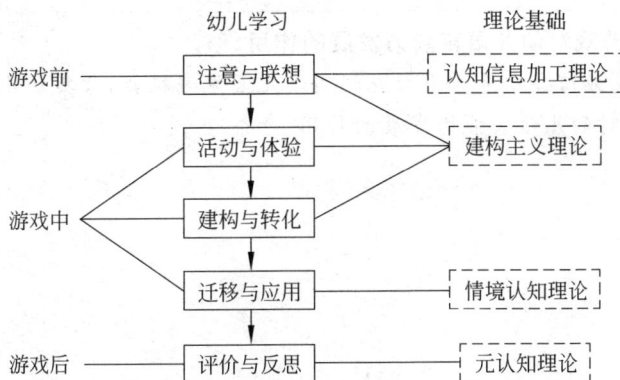

图 2-4　幼儿角色游戏中深度学习的过程模型

资料来源：蔡迎旗,王翌.促进幼儿深度学习的教师支持策略研究——以角色游戏为例[J].河北师范大学学报(教育科学版),2022(3)：115-122.

活动：分析角色游戏对幼儿认知能力发展的作用

　　请利用网站、微信公众号等平台或利用幼儿园见习机会，收集幼儿角色游戏案例，并分析角色游戏对幼儿认知能力发展的作用。

　　案例内容：

　　案例分析：

三、角色游戏可以促进幼儿语言能力的发展

　　角色行为是角色游戏中以他人为参照系，根据表象来模仿别人的行为。它既是角色扮演的最基本的成分，也是最早出现的成分。在角色游戏中，幼儿需要通过语言、动作等表现角色行为。比如，在"模拟便利店"角色游戏中，幼儿需要扮演店员或顾客。无论是扮演店员，还是扮演顾客，都需要幼儿通过语言进行交流，否则游戏无法正常开展。有实验表明，在角色游戏中发展语言，比单独教幼儿说话，效率更高。

活动：分析角色游戏对幼儿语言能力发展的作用

　　请利用网站、微信公众号等平台或利用幼儿园见习机会，收集幼儿角色游戏案例，并分析角色游戏对幼儿语言能力发展的作用。

　　案例内容：

　　案例分析：

专家观点

角色游戏——幼儿社会化的重要途径

沈阳师范大学但菲教授认为,对幼儿社会化过程影响最大的是游戏,尤其是角色游戏,它会促进幼儿社会交往能力、协作行为的发展,使幼儿的社会角色意识和社会角色规范得到强化,促进幼儿自我意识及社会积极性、独立性、主动性的发展。角色游戏是幼儿实现社会化的重要途径。

我的理解:请将你对"专家观点"的看法和感悟写在下方。

岗证赛课融通

一、对接幼儿园工作岗位

请自主选择年龄段(小班、中班、大班)和角色游戏主题,并在小组内进行角色游戏体验。

体验结束后,商讨该角色游戏主题的教育作用,并将商讨出来的内容记录在下方。

二、对接幼儿园教师资格证

1.(2023年上半年 保教知识与能力)【材料分析题】小班进行角色游戏时,李老师发现豆豆经常会倒提起布娃娃,边打边说:"你不乖,我打你,你再哭,我还打!"

【问题】

(1)分析豆豆出现这种行为的可能原因。

(2)针对这样的情况,该怎么做?

(请将你的答案写在下方)

2.(2018年上半年 保教知识与能力)【单项选择题】在角色游戏中,教师观察幼儿能否主动协商处理玩伴关系,主要考查的是(   )。

    A. 幼儿的情绪表达能力   B. 幼儿的社会交往能力

    C. 幼儿的规则意识   D. 幼儿的思维发展水平

【答案】 A

三、对接幼儿教育技能大赛

(2020年全国)【幼儿教师职业素养测评——专业理论知识选择题】让儿童扮演站岗的哨兵,结果发现,孩子们竟能原地不动地"守卫"很长时间,这在平时是绝对不可能的。这里用的训练方法是(   )。

    A. 环境体验法   B. 行动操作法   C. 角色扮演法   D. 移情法

学习评价

姓名:　　　　　　班级:　　　　　　日期:

评 价 标 准	自我评价 (达到打√, 未达到画○)	小组评价 (达到打√, 未达到画○)	教师评价 (达到打√, 未达到画○)
能够说出幼儿角色游戏的教育作用			

续表

评 价 标 准	自我评价 （达到打√， 未达到画○）	小组评价 （达到打√， 未达到画○）	教师评价 （达到打√， 未达到画○）
能够运用所学知识，结合具体游戏案例，与家长沟通交流角色游戏的教育作用			

学习感悟

学习任务 4　学会观察、记录、分析角色游戏

学习目标

1. 掌握角色游戏观察记录实施流程。
2. 学会角色游戏分析要点。
3. 能够在观察记录的基础上,分析幼儿的角色游戏行为。
4. 能够向幼儿家长解释角色游戏的观察结果。

情境导入

张老师和李老师正在交流幼儿角色游戏观察问题。张老师认为,幼儿角色游戏观察很难,不知观察哪些地方,幼儿一直处于活动状态,观察起来很不容易。李老师认为,观察幼儿角色游戏很简单,只需要看着,再把看到的记录下来就可以。

思考:你是如何看待幼儿角色游戏观察的?

我的答案:

_____

_____

_____

_____

_____

_____

基础知识

观察记录与分析评价幼儿角色游戏是科学开展幼儿角色游戏指导的前提。意大利著名教育家蒙台梭利说:"唯有通过观察和分析,才能真正了解孩子的内在需要和个别差异,以决定如何协调环境,并采取婴幼儿的态度来配合儿童成长的需要。"

一、幼儿角色游戏观察记录实施流程

(一)制订观察记录计划

观察计划的内容主要包括观察时间、观察对象、观察地点、观察步骤、使用仪器、记录方法等。

详细周密的观察记录计划是可以保证幼儿角色游戏观察记录的顺利实施,不仅能够提高观察记录的效率,而且能够增强所得一手观察资料的准确性和可靠性。

微课:幼儿角色游戏观察记录实施流程

（二）设计观察记录表格

活动：我设计的幼儿角色游戏观察记录表

　　请根据所学知识，设计幼儿角色游戏观察记录表，并将设计好的幼儿角色游戏观察记录表绘制在此处。

　　观察记录表格的样式比较多（见表 2-1 和表 2-2），建议根据观察对象、观察线索等进行详细化设计。观察线索主要包括：幼儿在角色游戏中热衷于什么？激发幼儿角色游戏兴趣的因素是什么？幼儿如何使用角色游戏材料？教室提供的空间是否足够让幼儿活动？幼儿教师如何解决游戏过程中出现的问题？幼儿之间是如何互动的？幼儿在角色游戏过程中出现的新经验是否有再利用的价值？

表 2-1　幼儿角色游戏观察记录表 1

游戏内容		幼儿班级		活动时间	
		观察教师			

游戏过程观察记录：

分析与反思：

表 2-2　幼儿角色游戏观察记录表 2

观察对象	姓名：	观察时间	年 月 日 时 分— 时 分
	性别：		
	班级：		
记录者		观察地点	
观察目的			
游戏内容的观察描述			
幼儿行为的分析解读			
教师的反思与回应策略			

（三）实施观察并进行记录

在实施观察时,可以采用"时间取样法"或"事件取样法"。

1. 时间取样法

时间取样法即使用根据一定的分类系统制定的儿童游戏观察量表(见表 2-3～表 2-5),

在一定的时间内对幼儿角色游戏进行观察,获取若干个时间样本,从而构成能够反映个体游戏特点的一个总样本。

2. 事件取样法

事件取样法即观察者用语言描述记录在一定时间内所观察到的幼儿的某种角色游戏行为或事件,记录整个事件发生的前因后果。

时间取样法和事件取样法各有利弊,观察者可以根据自己的观察目的选择适当的方法进行观察。

表 2-3　帕顿/皮亚杰量表的观察记录表

姓名_____　　　　　　　　　　　　　　　　　　　　　　观察日期_____

社会性水平	认 知 水 平			
	练习性游戏	结构游戏	角色游戏	规则游戏
独自游戏				
平行游戏				
群体游戏				
非游戏行为	行　为			活动记录
	无所事事	旁观	频繁换场	

注:

1. 观察者必须熟悉量表中的各项操作定义。

2. 在观察中,每位幼儿一张表格。

3. 采用多次扫描时间取样法。观察者按顺序将观察对象表格排列好,每次观察一个幼儿 15 秒,按顺序换人。在全部观察完一遍后,重新开展新一轮各 15 秒的观察。总共观察每个幼儿 4 次。

表 2-4　豪威斯同伴游戏量表

姓名_____　　　　　　　　　　　　　　　　　　　　　　观察日期_____

次数	独自游戏	水平1	水平2	水平3	水平4	水平5	非游戏行为	教师参与	地点或使用材料
1									
2									
⋮									

注:

水平 1:简单平行游戏。幼儿在相互交往范围内参加了相近的游戏活动,但没有出现目光交互或任何社会性行为。

水平 2:具有成熟意识的水平游戏。幼儿参与相近的游戏,并有目光接触。

水平 3:简单社会性游戏。幼儿相互间出现社会性行为——典型的社会性行为,包括发出声音、给人玩具、微笑、触碰、拿玩具、攻击行为。

水平 4:有成熟意识的互补/互惠游戏。幼儿在游戏活动中有与同伴合作倾向的行为,没能意识到各自的角色。

水平 5:互补/互惠的社会性游戏。幼儿在游戏中既有水平 4 的互补/互惠活动,也有水平 3 的社会性交流。

表 2-5　斯密兰斯基社会性主题角色游戏量表

姓名	角色扮演	想象的转换			社会互动	语言沟通		持续性
		材料	动作	情境		玩交际	假装的角色沟通	
幼儿 1								
幼儿 2								
幼儿 3								
幼儿 4								
幼儿 5								

注：社会性主题角色游戏是指两个或两个以上的幼儿，分配角色并将自己所扮演的角色与别人所扮演的角色联合起来，形成有主题、有情节的角色游戏。

有关行为的操纵性定义如下。

角色扮演——幼儿假装是"他人"，或以他人自居。

想象的转换——用一些东西、言语或动作等来代表某种物品、动作或情境。

社会互动——两个或两个以上的幼儿就游戏的情节、角色、动作等有直接的互动或交流。

语言沟通——幼儿运用语言对有关游戏的主题、情节、角色扮演等进行交流。

持续性——幼儿游戏的持续时间。

使用方法如下。

1. 一次选 2～3 位幼儿作为观察对象。所确定的观察对象是用帕顿/皮亚杰量表观察时筛选出的较少进行群体游戏的幼儿。

2. 在幼儿游戏时，观察者从头到尾轮流观察每一位幼儿，对每一位幼儿的观察时长为每次 1 分钟。

3. 在观察结束时，将观察到的每一位幼儿在幼儿游戏中出现的社会性主题角色游戏的五个因素记录在量表适当的栏内。假如其中的一个要素发生得很短暂，可以在相关的栏内画一个"?"，表示这个行为似乎已显现，但需要进一步观察。

大班幼儿角色游戏片段视频

4. 假如有的幼儿游戏中缺乏其中一项或多项要素，可以改天再观察一次。

活动：我来进行幼儿角色游戏观察

请选择一种观察记录方法，借助观察记录表，对幼儿园的角色游戏进行观察记录。

（四）整理分析观察记录

1. 量化观察资料的统计分析

对量化观察资料进行分析,需要明确数据的性质与含义,寻找有意义的、能说明问题的最小分析单位。分析单位应在观察前设定,如游戏中的社会互动等。

对于量化数据,可以进行简单的计算,从记录中计算出一些能说明问题的百分比、频数或评定的分数;并通过对数据进行分析、对比,发现问题,进行讨论并提出相应的解决策略。如某研究者通过观察发现,幼儿角色游戏的内容,日常生活类主题占比约为 55%,社会关系类主题占比约为 45%。

2. 质性观察资料的整理与分析

质性观察资料主要包括文字、符号、图画等,文字等记录方法比数字记录更容易带有观察者自己的主观偏见。因此,对文字等资料的整理与分析,需要将它们放置于发生的情境中。

（五）观察结果的解释与运用

对幼儿角色游戏观察结果的解释,需要借助一定的理论或观点,对观察记录进行思考,合理说明影响幼儿角色游戏的因素、游戏与幼儿发展之间的关系等。观察结果一定要与观察目的挂钩。

观察结果的运用是指运用观察到的信息资料,评价幼儿角色游戏行为,并在此基础上,改善游戏活动,提升幼儿游戏行为。观察结果的运用是一个动态持续、循序渐进的过程。

二、幼儿角色游戏观察分析要点

教师对于角色游戏的观察分析是多维度的,不同年龄班,角色游戏观察分析的要点和目的也不一样,具体表现如下。

微课:幼儿角色游戏观察分析要点

（1）小班观察要点:游戏内容是否重复操作、摆弄玩具、主题单一、情节简单。

目的:注意规则意识的培养,让儿童在游戏中学会独立。这是角色游戏的初级水平。

（2）中班观察要点:游戏主题是否稳定,有没有与别人交往的愿望,是否具备交往的技能,发生纠纷的情节和原因。

目的:指导幼儿学会并掌握交往技能和规范,促进儿童与同伴的交往,在游戏中解决简单的问题,引导幼儿分享游戏经验。这是角色游戏的中级水平。

（3）大班观察要点:游戏主题能否主动反映生活经验和人际关系,是否能合理地按照自己的意愿计划游戏,解决问题的能力是否提高。

目的:培养儿童的独立性,鼓励儿童在游戏中的创造性。通过讲评让儿童相互学习,拓展思路,不断提高角色游戏水平。这是角色游戏的高级水平。

活动：我来进行幼儿角色游戏分析

请结合自己对幼儿角色游戏的观察记录，整理、分析观察结果。

专家观点

我们应该怎样观察儿童？

北京师范大学教授　刘焱

观察有两个目的或功能，第一是情景分析，为决策提供依据；第二是了解幼儿的个体特点，为因材施教找到方向。

在情景分析，为决策提供依据方面，我们需要思考以下问题。

(1) 观察/判断：我看到了什么？幼儿在干什么？

(2) 价值判断：我看到的这个情景或幼儿正在做的事情对于他/她的学习和发展有什么价值？他/她可以从中获得什么经验？

(3) 行动决策：需要我干预吗？幼儿遇到问题了吗？什么问题？他/她能够自己解决吗？我应当做什么？

(4) 方法决策：如果需要，我应当怎样进入？采取什么样的方式方法？

(5) 行动反思：我的行动是否有效？是否适宜？

在了解幼儿，因材施教方面，我们需要思考以下问题。

(1) 在这个情景中，幼儿爱表现出什么样的个体特点？

(2) 个体特点的一致性分析：在这个情景中的表现与他/她平时的表现一致吗？我以前看见过类似的表现吗？还有什么不同？

(3) 支持/行动决策：我应当做什么来促进和丰富幼儿个性的发展？

我的理解：请将你对"专家观点"的看法和感悟写在下方。

岗证赛课融通

一、对接幼儿园工作岗位

观察、记录、分析幼儿角色游戏。

请利用"基础知识"部分的观察记录表,或者自制观察记录表,实地观察、记录、分析幼儿角色游戏,并将观察、记录、分析的感悟写在下方。

二、对接幼儿园教师资格证

1.(2023 年上半年 保教知识与能力)【单项选择题】幼儿园教师通过记录幼儿在日常生活与活动中的表现来分析其心理特点,这种研究方法是(　　)。

　　A. 观察法　　　　　B. 谈话法　　　　　C. 测验法　　　　　D. 实验法

【答案】 A

2.(2017 年上半年 保教知识与能力)【简答题】简述教师观察幼儿行为的意义。(请将你的答案写在下方)

3.（2015 年上半年　保教知识与能力）【简答题】简述角色游戏活动中教师的观察要点及其目的。（请将你的答案写在下方）

三、对接幼儿教育技能大赛

（2020 年全国）【幼儿教师职业素养测评——专业理论知识选择题】评估幼儿发展的最佳方式（　　）。

    A. 平时观察　　　　　B. 期末检测　　　　　C. 问卷调查　　　　　D. 家长访谈

📝 学习评价

姓名：　　　　　　　班级：　　　　　　　日期：

评 价 标 准	自我评价 （达到打√， 未达到画○）	小组评价 （达到打√， 未达到画○）	教师评价 （达到打√， 未达到画○）
能够说出幼儿角色游戏观察记录实施流程			
能够运用所学知识，对幼儿角色游戏进行观察、记录、分析			

🍂 学习感悟

学习任务 5　开展角色游戏指导

学习目标

1. 掌握小班幼儿角色游戏的特点和指导要点。
2. 掌握中班幼儿角色游戏的特点和指导要点。
3. 掌握大班幼儿角色游戏的特点和指导要点。
4. 能够结合所学知识,点评幼儿教师的角色游戏指导行为。

情境导入

在某幼儿园中班的角色游戏《医院》中,出现了下面的情景。

"病人"然然:"我的钱用完了。"

"病人"乐乐:"我也没有钱了。"

"病人"点点:"我也是。"

"挂号员"宇宇:"过来,我给你们一些钱。"

……

思考:如果你是老师,你将如何对幼儿开展的角色游戏进行指导?

我的答案:

_____

_____

_____

_____

基础知识

　　幼儿教师需要结合幼儿年龄特点,开展相应的幼儿角色游戏指导。角色游戏指导一般包括游戏前、游戏中和游戏后的指导。游戏前主要包括拓宽游戏经验、提供游戏材料、创设游戏环境等;游戏中主要包括借助不同的指导方式,推进游戏深入发展,处理游戏中的冲突等;游戏后的指导主要包括整理用物、组织讨论等。

一、小班幼儿角色游戏的特点和指导要点

(一)小班幼儿角色游戏的特点

　　角色游戏发展水平:小班幼儿角色游戏水平较低,还处于独自游戏向平行游戏过渡的阶段,喜欢和同伴玩同样或相似的游戏。同时,小班幼儿已经不满足于简单的重复动作,而是力图赋予这些动作一定的意义,如照顾布娃

微课:小班幼儿角色游戏的特点和指导要点

娃时,反映出母亲和孩子的关系。

角色游戏的目的性:小班幼儿角色游戏的目的性不强,没有明确的游戏主题。

角色游戏内容:小班幼儿角色游戏的内容主要来源于日常生活,喜欢在角色游戏中,模仿成人生活的一些片段。同时,小班幼儿的角色游戏情节简单,重复动作较多。

角色意识:小班幼儿的角色意识不强,他们的游戏不是从角色分配开始,而是在很大程度上受周围事物的直接支配,所以,小班幼儿在角色游戏中常常会忘掉自己的角色。如某幼儿扮演妈妈,带"孩子"去"菜市场"买菜后,直接将"孩子"丢在了"菜市场"。

游戏规则:小班幼儿的角色游戏主要是对成人生活活动过程的无系统模仿,游戏的外在规则和内在规则都不强。

活动:我眼中的小班幼儿角色游戏

　　请观察幼儿园小班的角色游戏,并写一写你眼中的小班幼儿角色游戏是怎样的。

(二)小班幼儿角色游戏的指导要点

结合小班幼儿的角色游戏特点,在指导小班幼儿进行角色游戏时,需要注意以下问题。

1. 创设丰富的游戏环境

结合小班幼儿年龄特点,幼儿教师应提供足够数量的同一主题、同一种类的游戏材料,以防幼儿争抢(见图 2-5～图 2-7)。数量充足的游戏材料,也有助于幼儿开展平行游戏,使其增加与同伴的交往,并逐步培养其游戏规则意识。

图 2-5　小班活动室"医院"布置图

图 2-6　小班活动室的"厨房"

图 2-7　幼儿园户外角色游戏区

2. 增强幼儿的角色意识

小班幼儿开展角色游戏时,可以由教师直接分配游戏角色,并逐步培养幼儿承担角色,按角色要求进行游戏的意识。同时,教师可以通过提供一些必要的角色标志物,如妈妈的头巾、爸爸的手机、医生的白大褂等,不断提醒幼儿扮演的角色身份,使幼儿在游戏中能始终履行角色职责、完成角色任务。

3. 多采用介入游戏的方式进行指导帮助

结合小班幼儿角色游戏的特点和幼儿年龄特点,幼儿教师可以多采用以角色身份直接介入、语言提醒等方式进行指导,并逐步培养幼儿独立游戏的能力。

活动：评价小班幼儿教师的角色游戏指导

　　请观察幼儿园小班的角色游戏，并写出你对小班幼儿教师的角色游戏指导行为的点评内容。

二、中班幼儿角色游戏的特点和指导要点

（一）中班幼儿角色游戏的特点

　　角色游戏发展水平：中班幼儿处于联合游戏阶段，其角色游戏水平与小班幼儿相比，有明显的提高。

　　角色游戏的目的性：中班幼儿角色游戏有了一定的目的性，开始出现游戏主题，但游戏主题持续的时间不够长，喜欢频繁更换游戏主题。

　　角色游戏内容：中班幼儿角色游戏的内容更加丰富，其游戏内容经常反映成人的社会生产活动和人们之间一般的社会关系，如"过家家"游戏中会有明确的角色分工。

　　角色意识：中班幼儿的角色意识增强，角色游戏中的角色关系开始超过现实中的同伴关系，他们会为实现共同的游戏目的而忠实地扮演自己的角色，彼此配合、协同活动。

　　游戏规则：中班幼儿对角色游戏的外在规则和内在规则有了一定的理解，但缺乏合作技巧和与同伴交往的技能，因此，常常在角色游戏中与同伴发生纠纷。

微课：中班幼儿
角色游戏的特点
和指导要点

活动：我眼中的中班幼儿角色游戏

　　请观察幼儿园中班的角色游戏，并写一写你眼中的中班幼儿角色游戏是怎样的。

（二）中班幼儿角色游戏的指导要点

　　结合中班幼儿的角色游戏特点，在指导中班幼儿进行角色游戏时，需要注意以下问题。

1. 拓展幼儿知识经验

中班幼儿教师可以通过组织集体教学活动、实地参观等方式，拓展幼儿的生活经验，使其进一步丰富角色游戏的主题和游戏情节，并尝试自己制定游戏规则，评价游戏过程和结果。

对点案例

某幼儿园中班在开展户外超市游戏前，幼儿教师引导幼儿在家长的带领下，利用周六时间，有计划地分组进入超市，观察、拍照、绘画记录。幼儿观察记录的内容主要为超市区域划分、超市人员、超市商品、超市购物等。

在此基础上，幼儿分组布置户外超市，对商品进行标记和分类，自主定价，设计超市标志、工作证标志，模拟购买商品等。

---

2. 提供半成品的游戏材料

《幼儿园教师专业标准（试行）》指出，幼儿教师应"提供丰富、适宜的游戏材料，支持、引发和促进幼儿的游戏"。中班幼儿已经具备一定的游戏经验，幼儿教师可以为幼儿提供半成品的游戏材料，鼓励幼儿动手探究，培养幼儿的创新能力和动手操作能力（见图 2-8）。

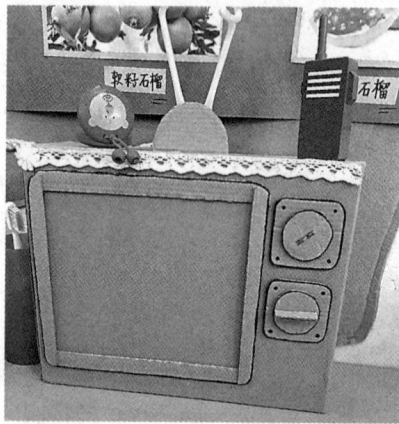

图 2-8　幼儿自制"微波炉"

3. 鼓励幼儿自己解决游戏中的纠纷和矛盾

结合中班幼儿角色游戏的特点和幼儿年龄特点，当幼儿在角色游戏过程中出现纠纷和矛盾时，幼儿教师可以引导和鼓励幼儿自己解决，提升其人际交往能力。同时，在角色游戏的过程中，观察幼儿出现纠纷和矛盾的原因，以平行游戏或合作游戏的方式指导游戏继续进行。

活动：评价中班幼儿教师的角色游戏指导

　　请观察幼儿园中班的角色游戏,并写出你对中班幼儿教师的角色游戏指导行为的点评内容。

三、大班幼儿角色游戏的特点和指导要点

（一）大班幼儿角色游戏的特点

微课：大班幼儿
角色游戏的特点
和指导要点

　　角色游戏发展水平：大班幼儿处于合作游戏阶段,随着幼儿年龄的增长,知识经验、智力才能的丰富和发展,其角色游戏水平日益提高,游戏情节丰富、游戏主题多样。同时,当幼儿在角色游戏中遇到困难或纠纷时,往往能够独自解决。

　　角色游戏的目的性：大班幼儿角色游戏具有较强的目的性,游戏主题的持续时间较长,从模仿成人使用物品的动作到反映人与人之间的关系。

　　角色游戏内容：大班幼儿角色游戏的内容逐渐复杂化,其游戏内容总是力求反映和揭示成人活动的社会意义,如"医生"对"病人"无微不至地关怀。

　　角色意识：大班幼儿的角色意识较强,基本能够按照自己的意愿主动选择角色,并商量分配游戏角色。

　　游戏规则：大班幼儿对角色游戏的外在规则和内在规则有了更加深入的理解,除了能理解角色游戏中各角色的社会职责外,基本上也能按照社会约定俗成的要求扮演好角色,且能反映较为复杂的人际关系。同时,大班幼儿能够遵守游戏的规则,并对参加游戏的成员提出严格遵守游戏规则的要求。

活动：我眼中的大班幼儿角色游戏

　　请观察幼儿园大班的角色游戏,并写一写你眼中的大班幼儿角色游戏是怎样的。

（二）大班幼儿角色游戏的指导要点

结合大班幼儿的角色游戏特点,在指导大班幼儿进行角色游戏时,需要注意以下问题。

1. 提供充足的游戏时间

大班幼儿对于角色游戏主题的坚持时间较长,为了让角色游戏能够更好地促进幼儿的全面发展,建议幼儿教师提供充足的游戏时间,至少 30 分钟。

2. 将角色游戏的主动权交给幼儿

结合大班幼儿角色游戏特点和年龄特点,大班幼儿教师在指导幼儿开展角色游戏时,可以多采用建议、询问等语言形式,给予大班幼儿一定的自主空间,进一步提升其游戏自主能力和动手探究能力。

对点案例

某幼儿园大班幼儿在户外自由游戏时,自主发生了将轮胎变成"房子"的"做客"游戏。在游戏过程中,幼儿教师看着幼儿通过合作降低"房子"高度、给"房子"搭楼梯等来解决"做客"问题。当幼儿因为材料不足,游戏遇到困难向教师求助时,幼儿教师通过建议、询问的方式给予幼儿回应,引导和支持幼儿主动探究。

---

3. 鼓励幼儿进行游戏评价

大班幼儿已经具备较为丰富的游戏经验,随着其自我意识、自我评价能力的发展,乐于对自己、对他人的言行做出评价。幼儿教师可以多鼓励幼儿参与游戏评价,以幼儿自评或互评为主,鼓励幼儿通过讲评,充分讨论问题,分享经验。

活动：评价大班幼儿教师的角色游戏指导

请观察幼儿园大班的角色游戏,并写出你对大班幼儿教师的角色游戏指导行为的点评内容。

专家观点

幼儿角色游戏中深度学习的教师支持策略

华中师范大学教授　蔡迎旗　王翌

幼儿高质量的学习活动离不开教师的支持和帮助,根据幼儿角色游戏中深度学习的特征及表现,提出以下 5 种具有针对性的教师支持策略(见图 2-9)。

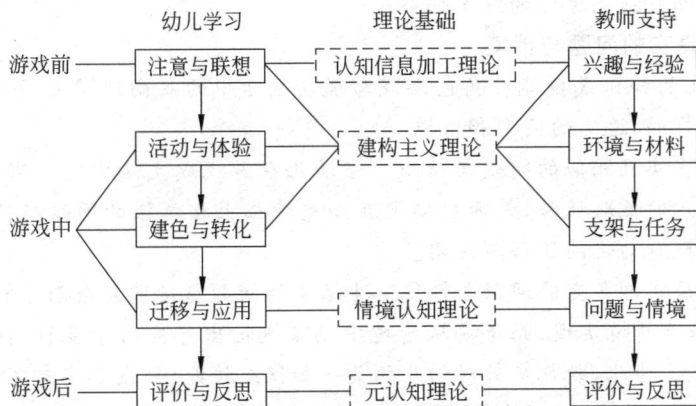

图 2-9　教师支持策略

(一)关注原有的兴趣与经验

首先,教师应通过日常观察、个别询问、家长交流等方式评估幼儿的已有经验,找准学习切入点。其次,组织相关活动增长幼儿的新经验。如带领幼儿参观小吃店、超市等,积累直接经验。请导游、警察、消防员来园讲述工作职责与流程等,获取间接经验。最后,教师还可设计专项训练来锻炼幼儿的联想能力。例如,随机提供几张图片,如娃娃、医院、水果、篮球等,请根据图片展开联想,并编出一段小故事,以强化幼儿的联想技巧。

(二)设计探究的材料与环境

引发幼儿探究欲望的角色游戏材料应当具备层次性、操作性、动态性三个特征。首先,层次性要求材料与幼儿年龄特点及以物代物水平相符。其次,操作性要求材料能为幼儿提供动手机会。具有抽插、移动、变形、折叠功能的物品往往更容易引起幼儿的兴趣,在反复摆弄的过程中,幼儿不免对其原理进行探究,继而获得知识与概念。最后,材料应体现动态性。一成不变的材料难以长期维持幼儿的兴趣,为保证幼儿的探究欲望,材料应当适时改变。而替换的材料既可是幼儿感兴趣的新物体,也可是其他教学活动延伸的产物。

(三)提供适宜的支架与服务

提供适宜的支架意味着教师需要准确把握幼儿的最近发展区,而最近发展区的确定则要求教师:第一,全面理解和掌握幼儿角色游戏水平体系。角色游戏水平反映了幼儿在角色游戏中某一方面所达到的高度,教师应明确角色游戏水平所包含的维度,以及不同年龄阶段幼儿在各维度中所应达到的水平层次。第二,判定幼儿现有的角色游戏水平。角色游戏本身存在特殊性,不同于建构游戏、智力游戏等由最终成品或明显规则来作为幼儿游戏水平判断的标准,角色游戏水平通常隐含在幼儿的游戏表现中,需要教师通过观察记录获取。第三,确定提升目标及策略。教师应预设幼儿高一级水平层次的发展目标,再通过提问、提示、变换材料等多种手段,帮助幼儿逐步解决问题并获得发展。

幼儿在角色游戏的过程中通过自主建构获取的知识主要为陈述性知识,且以事实性知识居多,但这种点滴、孤立且抽象概括水平较低的知识难以直接转化为技能。若要实现幼儿知识的转化,首先要巩固幼儿的概念性知识,随后要促进陈述性知识向程序性知识转变。不论是概念性知识的巩固还是向程序性知识的转变,都需要通过大量的练习获得,因此,教师应当为幼儿提供适宜的练习任务。

(四)创设真实的问题与情境

为实现幼儿的知识或技能在角色游戏与现实生活中的双向迁移应用,教师应为幼儿创设真实的、多样的、适宜的问题和情境。

首先,创设真实且相似的问题与情境。当幼儿在游戏或生活中已习得某一知识或技能后,为实现幼儿的低路迁移,教师应创设在知觉特征上相类似的问题与情境,使幼儿通过反复练习,实现自动化的迁移与应用。

其次,创设真实却多变的问题与情境。生活中的问题与情境复杂而多样,幼儿的迁移与应用不能仅依靠情境实现,而是要从情境中抽象概括出可应用于多种问题与情境的一般性知识或技能。为此,教师应针对幼儿的某一知识或技能,创设真实却不同的问题与情境,使幼儿通过反复练习,实现去情景化的迁移与应用。

(五)引领积极的评价与反思

幼儿自我评价、同伴评价及教师评价共同作用于幼儿对自我的判断,因此,为提高幼儿在角色游戏中深度学习的自我评价能力,教师可采取以下支持策略:一是引导进行正确的自我评价。幼儿的自我评价受认知水平的限制,因此,教师应帮助幼儿厘清思维,形成准确的自我评价。二是组织幼儿展开客观的同伴评价。幼儿的自我评价带有主观情绪性,往往表现为对自己评价过高,对他人评价过低,教师应引导幼儿之间相互评价,培养正确看待他人的能力。三是展开多元的教师评价。幼儿的自我评价往往依赖于成人的评价,因此,教师应在充分了解幼儿的基础上,及时捕捉幼儿游戏中的亮点,给予幼儿充分的鼓励和肯定。幼儿在角色游戏中的自我评价是对自身学习能力"行不行"的判断,而对自身学习策略"对不对"的看法则体现在幼儿的反思上。

为提高幼儿角色游戏中深度学习的反思能力,教师可引导开展以下反思:一是幼儿个人的反思。教师可采用提问的方式引导幼儿回想游戏中的认知过程,促进幼儿对自我的积极反思。二是幼儿集体的反思。教师应在游戏后,令所有参与角色游戏的幼儿组成学习共同体,对游戏中所遇到的问题展开积极讨论,以便互相启发,不断完善。三是教师本身的反思。教师应反思自身对幼儿兴趣与经验的关注、材料与环境的设计、支架与任务的提供、问题与环境的创设等工作内容,并根据幼儿的学习情况不断调整,确保幼儿在角色游戏中深度学习的实现。

我的理解:请将你对"专家观点"的看法和感悟写在下方。

📺 岗证赛课融通

一、对接幼儿园工作岗位

请选择一个年龄段(小班、中班、大班)的角色游戏主题,设计角色游戏活动计划,要求有游戏目标、游戏准备及游戏过程等内容,并写在下方。

二、对接幼儿园教师资格证

1.(2023 年上半年)【材料分析题】有个小班幼儿在进行角色游戏的时候,把小娃娃拿着脚丫吊起来,然后说不听话就打你,哭就打你。

【问题】针对这样的情况教师该怎么做?(请将你的答案写在下方)

2.(2019年下半年　保教知识与能力)【单项选择题】梅梅和芳芳在玩娃娃家,俊俊走过来说我想吃点东西,芳芳说我们正忙呢,俊俊说,我来当爸爸炒点菜吧,芳芳看了看梅梅,说好吧,你来吧,从俊俊的社会性发展来看,下列哪一选项最贴近他的最近发展区?(　　)

　　A. 能够找到一个自己喜欢的玩伴

　　B. 开始使用一定的策略成功加入游戏小组

　　C. 在4~5名幼儿的角色游戏中进行合作性互动

　　D. 能够在角色游戏中讨论装扮的角色行为

【答案】　C

3.(2018年下半年　保教知识与能力)【单项选择题】小班同一个"娃娃家"角色游戏中,常常出现许多"妈妈"在烧饭,每位幼儿都感到很满足。这反映小班幼儿游戏行为特点是(　　)。

　　A. 喜欢模仿　　　　　　　　　　B. 喜欢合作

　　C. 协调能力差　　　　　　　　　　D. 角色意识弱

【答案】　A

4.(2017年下半年　保教知识与能力)【单项选择题】当教师以"病人"身份进入小班"医院"时,有六位"小医生"同时上来询问病情,每个孩子都积极地为教师看病、打针,忙得不亦乐乎。结果教师一共被打了六针,对小班幼儿这种游戏行为最恰当的理解是(　　)。

　　A. 过于重视教师的身份　　　　　　B. 角色游戏呈现合作游戏的特点

　　C. 在游戏角色的定位中出现混乱　　D. 角色游戏呈现平行游戏的特点

【答案】　D

三、对接幼儿教育技能大赛

(2020年全国)【幼儿教师职业素养测评——专业理论知识选择题】在为小班幼儿投放玩具时,都会坚持同一类型的玩具数量一定要多的做法。这是因为(　　)。

　　A. 小班幼儿人数较多

　　B. 小班幼儿喜欢模仿,当看到同伴玩一个玩具时,自己也想玩

　　C. 小班幼儿集体活动多,需要使用相同玩具

　　D. 小班幼儿不需要种类丰富的玩具

✒ 学习评价

姓名:　　　　　　　　班级:　　　　　　　　日期:

评 价 标 准	自我评价 (达到打√, 未达到画○)	小组评价 (达到打√, 未达到画○)	教师评价 (达到打√, 未达到画○)
能够说出各个年龄段幼儿角色游戏的特点和指导要点			
能够运用所学知识,开展各个年龄段的角色游戏指导			

项目3
表演游戏

　　表演游戏也被称为戏剧游戏,是指幼儿根据故事或童话等文学作品的内容和情节,通过扮演角色,运用语言、动作和表情进行表演的一种游戏形式。

　　表演游戏是幼儿喜爱的游戏之一,它融想象、创造于一体,对于培养与发展幼儿的创造能力、锻炼幼儿的人际交往能力、促进幼儿集体观念的发展和良好个性品质的形成起着不可低估的作用。为使幼儿能更好地进行表演游戏,并能在游戏中得到发展,教师应对表演游戏进行正确的指导。

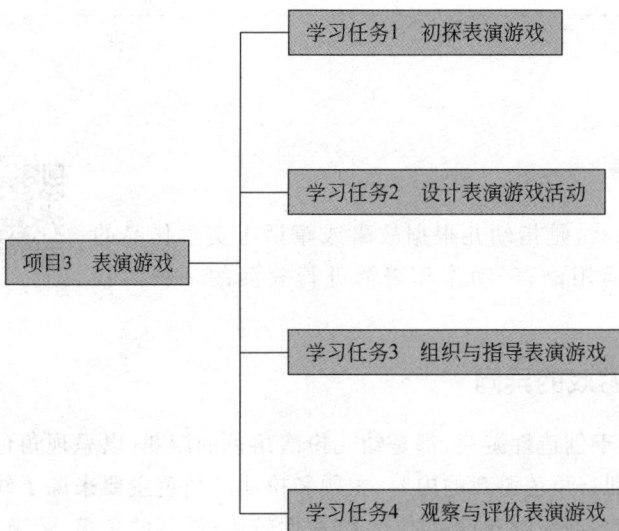

```
                          ┌─── 学习任务1  初探表演游戏
                          │
                          │
                          ├─── 学习任务2  设计表演游戏活动
                          │
     项目3  表演游戏 ──────┤
                          │
                          ├─── 学习任务3  组织与指导表演游戏
                          │
                          │
                          └─── 学习任务4  观察与评价表演游戏
```

学习任务 1 初探表演游戏

学习目标

1. 理解表演游戏的含义、分类与教育作用。
2. 能够运用所学的表演游戏的特点知识,分析幼儿园的表演游戏实践。
3. 能够运用通俗易懂的语言与幼儿家长交流不同类型的表演游戏。
4. 尊重幼儿,能够理解幼儿的表演游戏与其生活经验的关系。

情境导入

张老师带领幼儿一起读了童话故事《三只小猪》,并分发了头饰让孩子进行表演,孩子们也对故事意犹未尽,还想再演一演这个故事,于是张老师把孩子们带到表演区,开展了一场表演游戏。

思考:什么是表演游戏?表演游戏有哪些特点?

我的答案:

_____

_____

_____

基础知识

一、表演游戏的含义

表演游戏也被称为戏剧游戏,是指幼儿根据故事或童话等文学作品的内容和情节,通过扮演角色,运用语言、动作和表情进行表演的一种游戏形式。

微课:表演游戏的含义

(一) 表演游戏与角色游戏的异同

表演游戏与角色游戏同属于创造性游戏,都是幼儿扮演角色的游戏,以呈现角色的活动为满足,但二者又有本质区别。角色游戏的内容、主题和扮演的角色主要来源于幼儿的现实生活,反映幼儿的实际生活经验,游戏没有脚本,结构性较弱,游戏的角色、情节、内容可以由幼儿自由选择创造;而表演游戏的内容、主题和扮演的角色主要来源于童话、故事等文学作品或幼儿根据自己的经历和想象创编的故事,规定了游戏的基本框架,因而结构性较强。

（二）表演游戏与幼儿戏剧表演的异同

表演游戏与幼儿戏剧表演都是以文艺作品为表演依据的活动,但二者也有很大的不同。幼儿戏剧表演是严格按照文艺作品的角色、情节、内容和一定的表演程序来进行表演的,演员们需要按照固定的剧本进行演出,且需要一定的受众群体;而表演游戏的本质是游戏,是幼儿自娱自乐的活动。它不以演给别人看为目的,即使没有人看,幼儿也会饶有兴趣地进行表演。表演游戏是幼儿的一种创造性活动,幼儿可以依据自己对文艺作品的理解,按照自己的意愿和喜好自创表演方式、增减表演情节,进行创造性的表演。

> **对照案例**
>
> #### 是幼儿游戏还是游戏幼儿?
>
> 在一次语言活动中,大一班王老师在"七只猴子去旅行"的基础上组织幼儿进行表演游戏,"小朋友,我们刚才听了故事《七只猴子去旅行》,现在你们想不想表演这个故事? 表演这个故事需要什么东西呢?"幼儿回答后,王老师逐一出示道具,问:"谁愿意上来表演。"哗,小手一下全举了起来,王老师请了七个坐得最好的孩子上来表演。孩子们一上来就开始摆弄道具而忘记了表演,王老师不停提醒"不要动""说话呀""到你了""快点呀"……

二、表演游戏的分类

根据表演素材的来源不同,表演游戏可分为作品表演游戏和创作表演游戏两大类。作品表演游戏是根据我们平日里现成的文学作品,利用这些作品让幼儿在表演游戏中共同思考并掌握作品的主题和情节,共同制作道具、布置情景,共同协商角色进行表演,充分体现交流、合作的乐趣。而创作表演游戏是指没有现成作品,幼儿根据已有的经验和丰富的想象力创作作品并加以表演的游戏。

微课:表演游戏的分类

根据角色扮演形式的不同,表演游戏可以分为自身表演、桌面表演、影子戏和木偶戏四种类型。

（一）自身表演

自身表演是幼儿以故事、诗歌、童话等作品为蓝本,按照自己对作品的理解进行自编、自导、自演的游戏活动。这种表演游戏经常出现在幼儿园的音乐表演区,幼儿可利用教室提供的各种表演道具进行游戏。由于自身表演带有很强的幼儿"自由性",因而在游戏时,幼儿每一遍演出都有可能不一样。

小班幼儿表演游戏《新年好》

（二）桌面表演

桌面表演是指在桌面上以各种玩具或游戏材料替代作品中的角色,幼儿以口头独白、对白和操纵玩具角色的动作,来再现作品内容的游戏形式。桌面表演对幼儿讲故事的语言声调有一定要求,要求他们在理解故事情节

行走小剧场《神奇布偶贴》

和体会角色情感的基础上,能用不同声调来表现角色的性格特征和情节的发展变化。

(三)影子戏

影子戏是在灯光作用下,依靠物体侧影的活动来表演文艺作品内容的一种游戏形式。影子戏离奇有趣、变化多端、形象夸张,深得幼儿喜爱。幼儿玩的影子戏有头影、手影和皮影戏等,其中以手影戏居多。

手影游戏十分简便,且历史悠久。手影戏不要复杂的设备,只要一烛或一灯,甚至一轮明月,就可以展开巧思,通过手势的变化,创造出各种生动有趣的造型。因手影主要做给儿童看,儿童喜爱动物,于是兔子、狗、猫等就成了手影的主要表现对象。手影戏是令无数孩子着迷的游戏,一双手在光线照耀下千变万化,孩子们觉得既神奇又有趣(见图3-1)。

图 3-1　手影

活动:对接幼教实践

　玩一玩手影游戏,以小组为单位创编一部"手影剧",并在下方张贴表演照片。

（四）木偶戏

木偶是指用木头制作的偶人。现代人把用瓶、盒子、蛋壳、泥等各种材料制成的偶人都称为木偶。木偶的造型一般形象生动、造型美丽，既是艺术品又是幼儿喜爱的玩具。幼儿用木偶唱歌跳舞、讲故事，创造性地再现文艺作品中的内容，从而形成了各种木偶表演游戏。

木偶有布袋木偶、手指木偶、杖头木偶和提线木偶等几种类型，还有一种重要的表演形式就是人偶同演，即演员化装与木偶同时登台合演，演员擎仗头木偶化装登台，互为一体，合扮同一角色，人偶交叉表演。

一般在幼儿园常见的是布袋木偶和手指木偶，因为这两种木偶操作比较简单，幼儿园既可以在市场购置布袋木偶和手指木偶，也可以引导幼儿在教师指导下自己制作木偶。布袋木偶是幼儿通过将手指、手掌伸入木偶中进行操作表演；手指木偶是在幼儿手指上套上一个简单小动物或小人的头饰来进行表演。

活动：以小组为单位自制系列手指木偶

粘贴自制系列手指木偶照片

三、表演游戏的教育作用

微课：表演游戏
的教育作用

（一）有助于加深幼儿对文学作品的学习与理解

表演游戏是幼儿对文学作品的一种学习过程。在表演中,幼儿通过对角色的种种揣摩表演角色,呈现角色的思想、情感、对话和动作,能够在不知不觉中烙下角色的各种印记。借助于表演游戏,幼儿能更好地掌握文学作品的主题思想、内容和情节,事件的逻辑和先后顺序,情节的发展和因果关系,以及人物的性格特征和人物之间的关系,领会人物的思想感情,从而加深对文学作品的理解。

（二）对幼儿语言的发展有着突出作用

通过表演游戏,幼儿能获取广泛的知识内容,其语言内容方面的经验会越来越丰富,谈论的话题自然就会越来越多。文学作品中的语言优美生动、句式丰富多变,对幼儿学习和掌握多种语言形式具有特别的意义。故事表演中生动的多样化情境和丰富的角色体验也为幼儿积累丰富的语言运用经验提供了更多可能。

（三）发展幼儿的想象力

表演游戏的过程是幼儿想象活动的过程。在游戏中,幼儿还凭着自己对作品的理解和态度,在表演中对作品的一些内容、情节和对话进行修改,创造性地刻画出角色的性格,这一切都需要幼儿充分发挥想象力和创造力。并且表演游戏常常需要使用一些道具和装饰,这些材料的准备,也是一项创造性的活动。

（四）培养幼儿良好的个性品质

童话或故事以文艺形式反映典型生活,对幼儿具有很大的感染力。表演游戏要求表演的幼儿将各自的体验表达出来、通融起来,协调地行动,既要有独立性,又要互相合作,让自己的愿望成为游戏的需要。表演游戏有助于培养幼儿勇敢、大胆、不怯懦等优良的个性品质,幼儿参加表演是有勇气和有信心的表现,为了扮演角色,他们需要调整自己的心态,克服害羞、胆怯。

（五）让幼儿受到艺术熏陶

表演游戏本身就是一种艺术活动,对幼儿的形象、仪表、言行、体态、艺术素质等方面都有综合培养的作用。通过表演,幼儿会在激情张扬的过程中得到美的启迪,提升他们的美感。表演游戏还有助于发展幼儿的表演才能,使他们能从感受语言美、艺术美逐步扩展到通过语言、动作去表现美、创造美,从而培养幼儿的审美能力,陶冶幼儿的艺术气质。

大班项目化
学习活动
《有趣的皮影戏》

对接幼教实践

扫码阅读幼儿园大班项目化学习活动《有趣的皮影戏》,并分析该表演游戏的教育作用。

请将分析内容写在下方。

专家观点

表演游戏对4～6岁幼儿同伴交往能力的影响

沈阳师范大学　但菲

幼儿同伴交往能力是指幼儿在交往过程中感受、适应、协调和处理同伴关系的能力的总和。表演游戏中的角色、语言、情节和规则都含有较多的同伴交往成分,是幼儿喜爱的游戏类型。

表演游戏能够促进幼儿社交主动性、社交放松性、语言非语言交往和亲社会行为能力的提高。在社交主动性方面,由于表演游戏方案中含有较多的主动交往成分,并充分体现了幼儿在交往中可以采用的主动交往的行为策略、技能以及在情感上对他人的接纳,特别是中班幼儿在此方面所受影响较大,幼儿通过角色的迁移提高了日常生活中与同伴交往的能力。对大班幼儿来说,随着其认知能力和变通能力的增强,与同伴交往的目的性变得更强,表演游戏通过创设发起主动性行为的情境,更是使大班幼儿在游戏中充分体验到了角色的主动交往行为,从而增强了其与同伴交往的主动性。在社交放松性方面,由于表演游戏的情境、语言、行为动作充分体现了兴趣性与愉悦性,使幼儿能够在放松的情境下与同伴交往,并获得积极的情绪反应和体验,因此实验班幼儿在社交放松性方面都得到了积极发展,幼儿在游戏中能与环境积极"对话",并在愉快、轻松的游戏情境中体验到交往的快乐。而在语言与非语言交往方面,为了达到交往的目的,幼儿在表演游戏中不仅会用语言表达,而且会使用动作、体态、表情等非语言交流方式,从而有效地促进了幼儿对话能力和多种交往表现形势的发展。在亲社会行为方面,本研究结果表明,大班幼儿亲社会行为的培养效果($P<0.001$)明显好于中班($P<0.05$),这与幼儿的认知发展水平和行为能力有关。大班幼儿的理解力明显好于中班,其关心、同情、分享等利他行为表现更加突出,亲社会行为发起的目的性也更强、内容更丰富、表现更持久。表演游戏更是强化了大班幼儿这种积极的亲社会行为,使其能够运用更为丰富的语言和非语言的表现方式进行交往。中班幼儿的亲社会行为往往与具体情境相连,并且大部分中班幼儿只能通过简单的语言

和动作来表现和表达,因此其亲社会行为的发展效果没有大班明显。

我的理解:请将你对"专家观点"的看法和感悟写在下方。

岗证赛课融通

一、对接幼儿园工作岗位

请结合某一表演游戏案例,两人一组,一人扮演幼儿教师,另一人扮演幼儿家长,并将交流提纲写在下方。

二、对接幼儿园教师资格证

1.(2022年下半年　综合素质)【单项选择题】某家幼儿园组织商业演出。该幼儿园的做法(　　)。

　　A. 正确,有助于促进社会教育

　　B. 正确,有助于改善幼儿园办园条件

　　C. 不正确,幼儿园不得以幼儿表演为手段牟利

　　D. 不正确,幼儿园行为未经过家长同意

【答案】　C

2.(2021年上半年　保教知识与能力)【单项选择题】幼儿通过塑造角色表现文艺作品内容的游戏是(　　)。

　　A. 角色游戏　　　B. 结构游戏　　　C. 智力游戏　　　D. 表演游戏

【答案】　D

3.(2017年上半年　综合素质)【单项选择题】夏老师教唱儿歌,可可总是唱错歌词,夏老师当着全班幼儿的面,严肃地对可可说"你怎么那么笨,脑子进水了啊!"小朋友们哄堂大笑,夏老师的做法(　　)。

　　A. 阻碍了幼儿的探究学习　　　　　　B. 破坏了幼儿的同伴关系

　　C. 损害了可可的名誉　　　　　　　　D. 侮辱了可可的人格

【答案】　D

4.(2016年下半年　保教知识与能力)【单项选择题】幼儿以"故事"为线索开展的、具有一定结构和框架的游戏活动被称为(　　)。

　　A. 角色游戏　　　B. 表演游戏　　　C. 结构游戏　　　D. 规则游戏

【答案】　B

三、对接幼儿教育技能大赛

1.(2020年全国)【单项选择题】幼儿通过扮演某一文艺作品中的角色,运用一定的表演技能再现文艺作品的内容(或某一片段)的游戏是(　　)。

　　A. 角色游戏　　　B. 表演游戏　　　C. 音乐游戏　　　D. 建构游戏

2.(2020年全国)小班幼儿玩橡皮泥时,往往没有计划性。橡皮泥搓成团就说是包子,搓成条就说是面条,长条橡皮泥卷起来就说是麻花。这反映了小班幼儿(　　)特点。

　　A. 具体形象思维特点　　　　　　　　B. 抽象逻辑思维特点

　　C. 象征性思维特点　　　　　　　　　D. 直觉行动思维特点

学习评价

姓名:　　　　　　　班级:　　　　　　　日期:

评价标准	自我评价 (达到打√, 未达到画○)	小组评价 (达到打√, 未达到画○)	教师评价 (达到打√, 未达到画○)
能够说出幼儿表演游戏与角色游戏和戏剧表演的区别			

评 价 标 准	自我评价 （达到打√， 未达到画○）	小组评价 （达到打√， 未达到画○）	教师评价 （达到打√， 未达到画○）
能够运用所学知识，分析幼儿园表演游戏实践			
能够用通俗易懂的语言，与幼儿家长沟通表演游戏的教育作用			

学习感悟

学习任务 2　设计表演游戏活动

📖 学习目标

1. 掌握表演游戏活动设计要素。
2. 掌握表演游戏活动目标。
3. 能够根据幼儿年龄特点撰写表演游戏活动方案。

📚 情境导入

六一儿童节要到了,中班王老师要组织幼儿围绕故事《小熊拔牙》开展表演游戏活动。

思考:如果你是王老师,你该如何围绕该主题设计表演游戏活动?

附改编故事:

有一只小胖熊,非常讨人喜欢,可他有个缺点,就是不喜欢刷牙。

一天早晨,熊妈妈出门去了,小熊在家里翻箱倒柜,到处找吃的。不一会儿工夫,小熊就吃了一大堆糖果,还有一罐蜂蜜。小熊正在得意,忽然叫了起来:"哎哟,我的牙怎么这么疼哟!"正巧,兔大夫出门看病,路过小熊家,听到小熊的叫声,急忙进屋询问小熊发生了什么事情。兔大夫瞧了瞧小熊的牙齿,摇摇头说:"你平时吃甜的东西太多了,又不爱刷牙,几颗牙都有问题,有一颗还需要拔掉呢!"

兔大夫用钳子钳住小熊的坏牙,费了好大的力气,累得满头大汗,也没能把坏牙拔下来。于是,兔大夫把小猴和小狐狸他们都叫来,大家齐心协力,才把小熊的坏牙拔下来。

我的答案:

_____

_____

_____

_____

_____

✦ 基础知识

表演游戏活动的设计要素主要包括以下几点。

一、确定游戏主题 🎴

根据幼儿年龄特点,结合幼儿园主题教育活动,选择适合的游戏主题。如小班《拔萝卜》《小兔子乖乖》《迷路的小蚂蚁》《愉快的一天》《小猴请客》等,中班《丑小鸭》《金色的房子》《母鸡和苹果树》《香喷喷的轮子》《谁的本领大》等,大班《葫芦兄弟》《小熊过桥》《小熊请客》《桃树下的小白兔》《青蛙卖

微课:表演游戏活动的设计要素

泥塘》《我的幸运一天》《老鼠嫁女》《我喜欢我》等。

二、制定游戏目标

表演游戏
《葫芦兄弟》

(一)社会性目标

1. 形成良好的情感体验

例如中班表演游戏《劳动最光荣》的目标之一为"萌发热爱劳动的情感";大班表演游戏《装扮自己》的目标之一为"能创造性地选择各种装饰物打扮自己和同伴,感受扮美的愉悦"。

2. 积累社会经验,发展社会性能力

例如中班表演游戏《说快板》的目标之一为"进一步熟悉快板《夸家乡》,能运用竹板大胆表演"。

3. 促进活泼、开朗、自主、自信等良好个性的发展

例如中班表演游戏《时装秀》的目标之一为"感受纸时装的新奇,并能大胆展示自己做的纸时装";大班表演游戏《快乐机器人》的目标之一为"根据音乐创编新的机器人动作,体验自主表演的快乐";大班表演游戏《我的六一我来秀》的目标之一为"能大胆在同伴面前展示自己六一活动将要表演的节目,做自信、美丽的自己"。

(二)技能目标

1. 表演的技能

表演的技能包括动作、对白、表情的生动性。例如大班表演游戏《我喜欢我》的目标之一为"能够表现出动物们夸耀自己本领时的骄傲心情";大班表演游戏《小熊过桥》的目标之一为"能用语言、表情和动作表现小熊过桥的情景"。

2. 使用、制作游戏材料的技能

以物代物,设计、布置、制作游戏场景、材料和道具。如大班表演游戏《桃树下的小白兔》的目标之一为"能根据表演需要,和同伴合作自制角色头饰进行表演"。

3. 观察、发现、提出、解决、记录游戏问题的能力

例如大班表演游戏《小熊过桥》的目标之一为"能选择喜欢的角色与同伴协商,分工合作进行表演"。

活动:设计表演游戏目标

请至少自主选择小班、中班和大班可以开展的一个表演游戏名称,设计表演游戏目标。

小班

游戏名称:

游戏目标:

中班

游戏名称：

游戏目标：

大班

游戏名称：

游戏目标：

三、做好游戏准备

（一）关键经验准备

幼儿对周围社会的认知程度影响幼儿能否准确地把握作品的内容和情节，能否形象地演绎作品中的角色，社会经验的丰富程度会直接影响幼儿表演游戏水平的高低。因此，教师应在幼儿的日常生活、教育活动以及游戏活动中丰富幼儿的社会经验，不断提升幼儿表演游戏的水平。可引导幼儿在生活中注意观察各种人物的行为特点、语言特征，各种动物的动作特点等。

> **对点案例**
>
> 表演游戏《老虎拔牙》：孩子们对医生拔牙的方法以及病人的表现都不了解，就不可能生动地表演这一场景，于是，教师带孩子到口腔医院参观，让孩子们获得生活体验，再表演起来就生动多了。
>
> 表演游戏《猜猜我有多爱你》：孩子们表现不出大兔子对小兔子关心的神情，教师就请孩子们回家注意观察自己的妈妈对自己关心时的表情、动作。再次表演时，孩子们有的用手抚摸宝宝的头，有的捧着宝宝的脸，有的搂着宝宝，还有的把宝宝抱在身上……

（二）材料与环境准备

1. 文学作品

根据游戏主题选取内容健康、积极向上、适合幼儿的文学作品或引导幼儿创编故事等。

2. 场地

可引导幼儿在活动室或其他相对宽敞的地方创设一个相对固定的表演区，有条件的可以在专用的游戏室里创设表演区，场地有限的也可以根据需要用桌椅、积木临时搭建小舞台。

3. 布景

要求简单大方、经济实用，只要能起到渲染气氛的作用就可以了，不要求过于复杂，否则会过多吸引幼儿的注意力，导致幼儿精力分散，影响幼儿表演的顺利进行。

4.服饰和道具

可以起到吸引幼儿注意力、激发幼儿进行表演游戏的兴趣的作用,而且会影响游戏的生动性、形象性和趣味性。就像我们听到某些演员平时总是难以入戏,把服装、道具一用上,马上感觉就出来了一样。教师要引导幼儿根据作品要求和幼儿的社会经验,尽可能地用简单的服装和道具表现角色形象(见图3-2)。

图 3-2　表演服饰

5.要注意的问题

(1)舞台、服饰和道具都应当简单、方便、实用,不一定都要购置现成的物品,教师可以充分利用幼儿现有的游戏材料,因地制宜地利用废旧物品进行设计和制作。

(2)教师不要包办代替,要充分信任幼儿的能力,把设计和制作看成幼儿表演游戏的组成部分,充分发挥幼儿的积极性、主动性、创造性,组织和引导幼儿设计游戏环境、制作游戏服装道具,发展幼儿的想象力和动手能力。同时,幼儿参与游戏材料的制作,对于培养幼儿爱惜游戏材料的好习惯也很有帮助。

(3)可以在活动室里放置一个百宝箱,用来收集半成品材料,供幼儿在需要时取用。

活动:我来做好表演游戏准备

　　以小组为单位,自主选择小班、中班或大班可以开展的一个表演游戏,做好表演游戏准备,并将相关图片呈现在下方对应的内容中。

文学作品　　　　　　　　　　场地

布景　　　　　　　　　　服饰和道具

四、游戏过程

表演游戏与其他游戏有个很大的不同,就是表演游戏是从故事开始进入游戏的。

(一)第1次:讲故事或看其他表现形式的文艺作品

1. 目的

帮助幼儿理解、熟悉故事,掌握角色之间的对话,为进入表演游戏做准备。

2. 要求

讲故事时,语调、声音、表情要自然。

对点案例

中班表演游戏《奇奇的耳朵》

1. 第一次讲故事,以提问的形式让幼儿熟悉故事情节。

2. 第二次讲故事,重点帮助幼儿熟悉角色间的对话,并能想象简单的动作予以配合。

(1)故事里有谁? 大家为什么嘲笑奇奇?

(2)奇奇是怎样请小猫帮忙的? 小猫用的是什么方法? 小猫说话的时候会做些什么动作呢? 其他的小兔是怎么嘲笑奇奇的?(幼儿自由模仿小动物的动作,教师引导幼儿互相学习)

(3)奇奇是怎样请小狗帮忙的? 小狗用的是什么方法? 小狗说话的时候会做些什么动作呢?

3. 根据幼儿对故事的熟悉情况,配上头饰让幼儿练习角色对话。

(二)第2～4次:游戏

1. 经验回顾

(1)回忆故事主要情节(多用于第一次游戏)。

(2)围绕问题开展讨论(多用于第二、三次游戏),如看录像或照片,围绕问题记录表讨论。

例如,可围绕本次游戏的目标和重难点,运用开放式提问,引发幼儿对问题的思考、讨论。例如,上次游戏中明明遇到了什么问题?(出示记录表)在记录表的提示下,回顾上次游戏出现的问题。

2. 快乐游戏

(1)教师指导幼儿分配角色,进入游戏区域,摆放场景、道具。

(2)幼儿自主游戏,教师观察指导。

(3)听信号结束游戏。选择好游戏结束时机,最好是在幼儿兴致转低但还保留游戏兴趣的时候。

3. 分享交流

（1）引导幼儿分享、畅谈游戏中问题解决的成功经验，体验成功感，增强自信心。可呼应目标及经验回顾中的问题："问题解决了没有？用的什么方法？怎么解决的？"帮助幼儿梳理、提升游戏经验。

（2）留有游戏余兴。教师引导幼儿回忆、发现游戏中出现的新问题，并鼓励提出解决问题的办法，讨论下次游戏需要做的经验、材料方面的准备内容。如讨论需要到哪里参观，观察什么人物，需要增加哪些材料等。

（3）收拾游戏材料，打扫场地。

对点案例 1

中班表演游戏：拔萝卜

【游戏目的】

1. 在多次感受、边感受边学会表演的基础上，初步要求幼儿人人会表演。

2. 激发幼儿的表演愿望和自信心。

3. 引导幼儿懂得团结起来力量大的道理，并体验获得成功的欢快情感。

【游戏准备】

《拔萝卜》角色头饰、萝卜道具

【游戏过程】

1. 引发兴趣，交代任务。

老师：小朋友！今天老师为你们准备了许多大萝卜，数数看有几个？那我们可以来玩什么呢？

2. 幼儿练习和表演。

（1）教师与幼儿一起讨论如何表演《拔萝卜》。

（2）请能力强的幼儿演一遍。谁愿意先到台上来演？小朋友看看他们谁演得好？表演后提问：你们觉得谁表演得好？为什么？请幼儿讲清楚演得好的人和地方。教师根据情况给予肯定。

（3）练习表演。

① 练习每个角色的动作和语言。

② 练习拔萝卜的不同表情。

"拔不动。"讲这句时，用发愁的语调讲出。

"萝卜拔出来了！"讲这句时语调提高，并要拍手蹦跳欢呼。

（4）幼儿分组表演。

要求如下：

① 幼儿互相商量，分配角色。

② 互相化装。

③ 每个幼儿用心看，轮到自己出场时再上场。两位老师巡回指导幼儿表演。

（5）说说在表演中发现的问题，讨论为什么那么多人才能把一个萝卜拔出来。

（6）集体拔萝卜表演并提出下次拔萝卜的要求。

3. 结束部分。

老师：让我们去教其他班的小朋友们表演《拔萝卜》。

提醒幼儿整理好道具，结束。

对点案例 2

大班表演游戏：小熊请客

【游戏目的】

1. 能积极愉快地参与表演游戏，在游戏中创造性地表现故事。

2. 学会与同伴协商、合作、共同完成表演。

【游戏准备】

《小熊请客》头饰一套，或小动物木偶若干，树、草地、蘑菇、房子、花，各种建构材料及替代物

【游戏过程】

1. 通过讲游戏的情况，激发幼儿参与表演的兴趣。

（1）鼓励幼儿选择使用替代物。"上次玩游戏的时候，老师都没准备小熊请客的东西，可是有一个小朋友却很了不起，他自己找来了很多好吃的东西来请客，谁来告诉大家他用了什么东西来招待客人？如果今天你们遇到这样的事，你们也要像他一样动脑筋想办法来解决。"

（2）鼓励幼儿协商、合作，大胆创编故事情节。"上次游戏的时候，老师发现有的小朋友很会动脑筋，他们不仅会根据故事来表演，而且会把自己编的故事表演出来，就像小熊不仅请了小鸡、小狗、小猫来做客，而且请了大象来，小朋友知道是为什么吗？我们请他们来说说吧。今天小朋友表演时，如果你们想到了什么好玩有趣的事，也可以告诉好朋友，大家一起把它表演到故事中去。"

2. 提出游戏要求。

（1）在游戏中遇到困难，大家要一起想办法解决。

（2）要爱护玩具，没有的道具可以自己找替代物或自己制作。

3. 幼儿选择布置场地，扮演角色，教师观察指导。

教师帮助幼儿共同布置场地，重点观察幼儿合作游戏及扮演角色、拓展游戏情节的情况。

4. 分享交流游戏情况。

（1）请幼儿说说："你玩了什么游戏？扮演了谁？你是怎么扮演的？"

（请个别有进步的幼儿当场表演，并请其他幼儿为他们鼓掌，增强其自信心。）

（2）表扬在游戏中能拓展情节、大胆表演的幼儿。"刚才在游戏中，老师看到一组小朋友表演得特别有意思，请他们来告诉大家，和大家一起分享。"

（3）针对游戏中出现的问题进行讨论、讲评，激发幼儿下次游戏的兴趣。

专家观点

表演游戏中的"材料提供"

北京师范大学 刘焱

在表演游戏中,教师提供材料的目的是支持幼儿的活动,而不能仅仅把材料当作"道具"。因此,什么时候提供什么样的材料,应当根据幼儿活动的实际需要。当幼儿还没有产生对材料的需求时,教师不必立即呈现自己认为必要的材料或"道具"。在幼儿眼中,教师事先准备的精美的道具并不比他们自己制作的道具更具吸引力,而制作道具的过程本身就是一个可以给幼儿带来快乐、蕴含着丰富的学习机会的一种活动,教师不能为追求"表演结果"或节省时间而省略这个颇具教育价值的环节。诸如纸、笔、盒子、木板这样的原始材料,可以为幼儿的探究提供更多的机会和可能性。

我的理解:请将你对"专家观点"的看法和感悟写在下方。

岗证赛课融通

一、对接幼儿园工作岗位

以小组为单位自选文学作品材料,设计表演游戏活动方案,并写在下方。

游戏名称:

游戏目标:

游戏准备:

游戏过程:

二、对接幼儿园教师资格证

1.(2018年上半年　综合素质)【单项选择题】小(2)班的孩子们在"六一"会演的节目排练时,洋洋和健健总是不能跟着刘老师做动作,站在原地发呆。为了不影响班集体的表演效果,刘老师不让他俩参加演出。刘老师的做法(　　)。

　　A. 恰当,教师应尊重幼儿的选择

　　B. 恰当,教师应维护班集体荣誉

　　C. 不恰当,教师应引导全体幼儿参与集体活动

　　D. 不恰当,教师应要求幼儿必须参与集体活动

【答案】　C

2.(2017年上半年　综合素质)【单项选择题】活动课上,赵老师特意邀请几个平时不太合群的孩子表演"找朋友",被邀请的孩子面带微笑与其他小朋友愉快的完成表演。赵老师的行为(　　)。

　　A. 恰当,教师应当培养幼儿遵守纪律习惯

　　B. 不恰当,教师应当遵循幼儿身心发展规律

　　C. 恰当,教师应当关注每个幼儿发展

　　D. 不恰当,教师应当保护幼儿的自尊心

【答案】　C

三、对接幼儿教育技能大赛

(2022年全国)【幼儿教师职业素养——专业理论知识选择题】为了准备"六一"儿童节全园体操表演,马老师提前一个月组织幼儿反复训练,甚至缩短幼儿午睡及游戏时间。马老师的做法(　　)。

　　A. 错误,不利于儿童个性发展

　　B. 错误,不利于儿童身体健康

　　C. 正确,有利于儿童全面发展

　　D. 正确,有利于提高儿童

学习评价

姓名:　　　　　　　班级:　　　　　　　日期:

评价标准	自我评价 (达到打√, 未达到画○)	小组评价 (达到打√, 未达到画○)	教师评价 (达到打√, 未达到画○)
能够说出幼儿表演游戏设计的基本要素			
能够根据幼儿特点制定适宜的表演游戏目标			
能够设计表演游戏活动方案			

学习任务 3　组织与指导表演游戏

学习目标

1. 理解表演游戏的整体指导内容。
2. 掌握小、中、大班幼儿表演游戏的特点和指导要点。
3. 能够合理组织与指导幼儿表演游戏。

情境导入

表演游戏《老虎的遭遇》扮演"青蛙"的幼儿对饥肠辘辘的"老虎"说："我有一个主意，我们比赛跳远，要是我跳得比你远，你今天就不能吃我。""老虎"同意了，于是"青蛙"悄悄地咬住了"老虎"的尾巴，和它一起跳了起来。突然，一个幼儿发现了问题："不对，青蛙跳得没有老虎远！不信，你量量！"旁边演"大树"的孩子也说："就是，青蛙的脚都落在了老虎后面，它应该跳到前面才对。""青蛙"看看自己的脚和"老虎"的脚，没有说话。几个小朋友开始七嘴八舌地议论起来。然而，一直在一旁观看的教师介入了进来："演到哪里了？下面该谁讲话了？别吵别吵，我们接着演。"

思考：教师介入的时机对不对？如果你是该班老师你会怎么做？

我的答案：

_____

_____

_____

基础知识

一、表演游戏的整体指导

（一）协助幼儿选择表演游戏的主题

微课：表演游戏
的整体指导

1. 健康活泼的思想内容

结合本班的教育任务，选择思想健康、内容活泼、有教育意义并符合幼儿生活经验的作品，如《老虎拔牙》《龟兔赛跑》等。

2. 具有表演性

童话、故事要易于为幼儿所掌握和表演，有一定的戏剧成分，有适当的表演动作。有集中的场景，易于布置。道具要简单，可以利用现成的桌椅、积木、胶粒拼图及实物等。如《小兔乖乖》中表演的动作明显，场景中的房子可用桌椅与积木搭成，扮演大灰狼、兔妈妈

和小白兔的小朋友戴上相应的头饰即可。

3. 故事情节有起伏

情节发展的节奏要快,变化明显,并按一条主线发展,重点突出,枝蔓不多,这样才能引人入胜,并易于表演。如在《小兔乖乖》中,兔妈妈去拔萝卜,大灰狼来骗小白兔,兔妈妈回来了,把大灰狼赶跑了,有起伏的情节,变化明显。

4. 较多的角色对话,且角色的对话易于用动作来表演

如在《小兔乖乖》中,兔妈妈对小白兔的交代,大灰狼和小白兔的对话,都十分生动有趣,容易用动作表演出来。

活动:我来遴选表演游戏作品

请以小组为单位,到学校图书馆寻找可以作为幼儿表演游戏素材的作品,并将作品图片粘贴在下方。

(二)为表演游戏提供物质条件

教师可选择幼儿平时喜爱听的且适合表演的故事,来吸引幼儿参加表演游戏的准备工作,如吸引幼儿一起准备玩具、头饰、服饰、布景及道具,鼓励他们想办法,大胆出主意,大班幼儿还可以参加道具的制作等(见图 3-3)。幼儿参加了游戏的准备工作,更容易激起他们游戏的兴趣。幼儿的表演游戏是灵活自由的,不受场所、时间与道具的限制。准备的道具不必追求齐全、逼真,稍有象征性即可。幼儿在表演游戏中最为关心的是自己能以角色的身份说话、做动作,道具的不足往往可用动作去表现。

(三)指导幼儿分配角色

幼儿在表演游戏中,往往以参加表演为满足,不以有无观众为表演条件。教师应当利用这种游戏,吸引更多的幼儿参加游戏,使他们自然、自愿地表演,进而使之得到锻炼。但教师要注意和幼儿一起商量分配角色,游戏的主角需要有一定语言表达能力、表演能力以

图 3-3　幼儿园的表演游戏道具

及组织能力,可先让能力强的幼儿担任,以后应轮流担任主角;也可以有意让某个幼儿担任某一角色,以便让他得到锻炼。但都要以商量、建议的口吻提出,不要违背幼儿的意愿。小班幼儿缺乏主见,教师可采用指定角色的办法,但也应该尊重他们的自愿选择。对个别幼儿经常占主角的行为,教师要动员他们更换角色。中、大班的幼儿可逐渐由自己协商分配角色。

(四) 指导幼儿表演的技能

1. 教师示范表演

教师经常以戏剧、歌舞、木偶、皮影戏等形式向幼儿作示范性表演。教师的示范性表演可设在全园的娱乐活动、节日活动及日常游戏活动中。

2. 教师在幼儿表演中进行指导

(1) 小班幼儿不会做表演游戏,需要教师先做示范表演,然后先教会几个幼儿表演,再教会其他的幼儿。当幼儿学会一两个表演游戏后,可以让幼儿自己表演其他的一些故事。教师对游戏过程予以指导和帮助。中、大班幼儿可自愿、自由地玩表演游戏,教师要支持和关心他们的表演。必要时,教师以游戏者的身份提醒他们,并帮助他们及时解决困难。

(2) 及时用提问、建议的方法,启发和帮助幼儿理解作品内容,激发他们用生动、形象的语言和动作来表现作品。

3. 对幼儿进行表演技能训练

(1) 幼儿口头语言的表达技能。用语言塑造角色形象:声音轻重、快慢、高低和停顿变化。如狐狸——又尖又细(狡猾);狗熊——笨拙、缓慢(憨厚老实)。在游戏活动中说普通话,并注意语调。

(2) 幼儿的歌唱表达技能。用自然、好听的声音唱歌,音调准确、吐字清晰,能根据乐曲的快慢、强弱等变化有表情地演唱。如在《小兔乖乖》中兔妈妈和大灰狼唱的歌虽内容一样,但是语气、声调表演是绝对不同的。

（3）幼儿的形体表演技能。形体与表情动作除了日常生活动作外,还包括一些小动物的典型动作。幼儿的步态、手势、动作比日常生活中的要夸张一些。如小白兔、小鸡、小猫的典型动作分别是兔跳、点头踏点步、交替步等。

活动 1：绘制"表演游戏整体指导"思维导图

请结合所学知识,在下方绘制"表演游戏整体指导"思维导图。

活动 2：表演技能大比拼

以小组为单位,分角色表演《咕咚来了》(节选)。

狐狸正在同小鸟跳舞,看见小白兔慌慌张张地跑过来,就问它发生了什么事。小白兔跑得上气不接下气,气喘吁吁地说："不好了,咕咚来了!"狐狸不知道咕咚是什么,还以为是厉害的妖怪,吓得跟着小白兔跑了起来。它们又惊动了小熊和小猴。小熊和小猴不问青红皂白,也跟着它们跑起来。他们几个一边跑一边喊着："不好了,咕咚来了、咕咚来了!"大象看见了,感到很惊讶,拉住狐狸问："出了什么事?"狐狸气喘吁吁地说："咕咚来了,那是个三个脑袋、八条腿的怪物……"于是,大象也加入逃跑的队伍……

二、幼儿表演游戏各年龄班的指导

（一）小班幼儿表演游戏的指导

微课：小班幼儿
表演游戏的指导

1. 特点

小班幼儿表演水平弱，角色意识差，演着演着就忘了自己演的是谁，往往看到别人在做什么，只要自己感兴趣，不管自己的角色是不是该这么做，就会跟着做。表演的往往只是自己感兴趣的某一个片段，比如模仿奥特曼打怪兽的动作等，几乎没有与同伴的互动。

2. 指导要点

选择故事线索单一、篇幅短小，场景和结构简单，重复性情节较多的脚本，如《拔萝卜》等。教师可利用对孩子们的影响以及道具来吸引幼儿参与。

对点案例

在表演区有一个小朋友看到一床大被子，拉起被子的一角，在那里模仿拔萝卜的动作，教师看见了，马上站在他身后，也模仿拔萝卜的动作，同时呼唤旁边的孩子："老爷爷的萝卜好大呀，小花狗，快来帮我们拔萝卜。"一旁的一个小朋友看见了，放下手中的东西，跑到教师身后加入进来，教师又喊："老爷爷的萝卜太大了，小花猫，快来帮我们拔萝卜"……游戏就这样开始了。

第二天，一个孩子主动地跑到那床被子前，招呼同伴："小花猫，快来帮我们拔萝卜。"

第三天，教师发现有的小朋友喊不来了，教师就问他，为什么不玩了，这个孩子说："那是床被子，有什么好拔的。"老师问："怎么办？"有的孩子说，做一个。用什么做？纸盒，上面用绿色的纸做叶子。孩子们有了比较形象的萝卜，就又开始了游戏。

（二）中班幼儿表演游戏的指导

1. 特点

微课：中班幼儿
表演游戏的指导

幼儿角色意识较强，可以自行分配角色，能够按照自己选定的角色开展游戏，但角色更换意识不强；游戏的目的性差，展开游戏需要较长时间，需要教师一定的提示才能坚持游戏主题；以一般性表现为主，以动作为主要表现手段。处于联合游戏阶段，游戏主题丰富，有一定的游戏计划，但不稳定，幼儿会经常更换；希望与人交往，但欠缺交往技能，常与同伴发生纠纷。

2. 指导要点

选择故事情节比较简单、篇幅中等、易于延伸的游戏脚本，如《咕咚来了》《奇奇的耳朵》等。展开游戏时，可以运用记录表提示幼儿要做的事。分组、分角色阶段，教师要学会耐心等待，引导幼儿讨论："这个游戏需要几个人来演？我们有几个人？人多了怎么办？人少了怎么办？还有什么好办法？（增、减角色，多人共同演同一个角色，轮流表演）"游戏

进行阶段,教师可参与幼儿的游戏,为幼儿提供适当的示范。不是手把手地教,而是用夸张的语气、动作带动,这是引导幼儿相互学习、借鉴别人的好办法。通过讨论等形式开展游戏评价,增加游戏经验,丰富游戏内容,指导幼儿逐渐掌握规则和表演技能,逐渐学会独立解决问题。

对点案例

《白雪公主》是孩子们耳熟能详的故事。在幼儿园,这个故事被改编成童话剧,在晨会、读书月、家长活动等多种活动中演出过,引发了孩子们浓厚的兴趣,中一班的孩子也不例外,他们早就跃跃欲试地要自己表演了。本学期,中一班在戏剧表演游戏区投放了这个故事的服装、录像、录音,孩子们很喜欢跟着录音进行表演。有几个孩子都是这个游戏区的常客,熟悉了各个角色的表演,但是今天老师给了他们一些挑战:不跟随故事录音进行合作扮演,游戏的难度显然加大了。幼儿在老师指导下,推选幼儿A担任导演。A同时饰演奉命暗杀白雪公主的猎人角色,故事从白雪公主出场开始了……

(三)大班幼儿表演游戏的指导

1. 特点

微课:大班幼儿表演游戏的指导

能独立完成角色分配任务,并有很强的角色更换意识,游戏的目的性和计划性较强,具备一定的表演技巧,能灵活运用多种表现手段,能自觉表现故事内容,具有一定的表演意识,但表现水平尚待提高。

2. 指导要点

选择故事情节相对复杂,篇幅稍长,易于改编、扩展的游戏脚本,如《喜羊羊与灰太狼》《猪八戒吃西瓜》《龟兔赛跑》等。可以为大班幼儿提供较多种类的游戏材料,以鼓励和支持他们进行多样化探索。在游戏的最初阶段,教师除了提供时间、空间和基本材料外,应尽可能少地干预。随着游戏的展开,教师应该及时给幼儿提供反馈,提高幼儿表现故事、塑造角色的能力。

对于大班幼儿来说,教师反馈的侧重点应在如何塑造角色上。要帮助幼儿注意运用语气语调、夸张的动作、生动的表情来塑造角色。将丰富游戏情节与提高幼儿表现能力同步进行。

利用反思性谈话和小组讨论,例如,"怎么样演得更好?""大老虎的牙被拔掉了,大老虎会这样算了吗?如果你是大老虎,你会怎么做?"允许并鼓励幼儿想象创造;通过多种形式开展游戏评价,让幼儿在分享中开拓思路,提升游戏水平。再例如,当孩子用自己想出的方法骗取灰太狼的信任时,偏偏被灰太狼识破,让孩子从计策的严密性、表现的逼真性上再做文章,最后取得全面胜利。让孩子学会从失败中吸取教训,最终获得成功。

第二轮表演游戏《拇指姑娘》之"谁来报幕?"

对接幼教实践

扫码阅读材料"谁来报幕?",分析该教师的指导行为。

专家观点

表演游戏需要教师的指导

北京师范大学　刘焱

　　表演游戏的"表演性"要求幼儿以自身为媒介,运用包括语言、表情、动作姿势等在内的手段来再现特定的故事,这种再现的过程本身对于幼儿来说是多种能力的学习和锻炼的过程,也是幼儿获得各种有益的学习经验的过程。

　　关于中大班幼儿表演游戏的一般规律和年龄特点的研究表明,幼儿的表演游戏要经历一个从一般性表现到生动性表现的发展过程。但是,幼儿自身并不能完成从一般性表现到生动性表现的提升,也不能完成从目的性角色行为到嬉戏性角色行为、再到更高水平的目的性角色行为的回归。表演游戏的"表演性"和中大班幼儿表演游戏的一般规律和年龄特点决定了教师对幼儿的表演游戏进行指导的必要性。帮助幼儿完成从一般性表现到生动性表现的提升、从目的性角色行为到嬉戏性角色行为、再到更高水平的目的性角色行为的回归,这是教师指导表演游戏的目的和任务所在,这也正是表演游戏不同于其他类型游戏的特点。

　　我的理解:请将你对"专家观点"的看法和感悟写在下方。

岗证赛课融通

一、对接幼儿园工作岗位

在幼儿园实践过程中,自选年龄班(小班、中班、大班)观摩幼儿表演游戏,并提出指导建议,将建议填写在下方。

二、对接幼儿园教师资格证

1.(2021年上半年 综合素质)【单项选择题】中班的小林喜欢表现自己,组织能力比较强,王老师每次在开展表演游戏时总让小林扮演主角。王老师的做法违背的素质教育要求是( )。

　　A. 促进学生全面发展　　　　　B. 面向全体学生

　　C. 促进学生个性发展　　　　　D. 培养创新精神

【答案】 B

2.(2019年下半年 综合素质)【材料分析题】中小班馨馨的左手臂先天发育不良,协调能力和运动能力都低于其他幼儿,馨馨很喜欢唱歌跳舞,但每当要登台表演时她都会默默地退出。

幼儿园一年一度艺术节就要开幕了,王老师特意编排动作与队形相对简单的舞蹈"蓝精灵",鼓励馨馨加入。排练中,连续几个八拍跳下来,馨馨有些手忙脚乱,王老师放慢速度,并降低动作要求,可馨馨动作仍然不到位。馨馨有些焦急,王老师对馨馨说:"不要急,你已经跳得很好了,老师陪你慢慢跳。"馨馨点头,跳得更认真了。可几个孩子却抱怨着:"老师,馨馨总是撞到我。""老师,馨馨跳得太慢了。"旁边的李老师也说:"直接安排馨馨参加大合唱不是更简单吗?"王老师摇摇头说:"馨馨比任何孩子都更在乎跳舞,我一定要帮她做到。"王老师随后对孩子们说:"你们知道吗?蓝精灵正因为善良、勇敢,又相互关心,最终打败了格格巫。我们要像蓝精灵一样互帮互助,才能跳好舞蹈。"

艺术节如期举行,馨馨和孩子们在舞台上欢快地舞动。

【问题】请结合材料,从教育观角度,评析王老师的教育行为。(请将你的答案写在下方)

三、对接幼儿教育技能大赛

（2020年全国）【**幼儿教师职业素养——专业理论知识选择题**】讲完故事《小猪变干净了》后，幼儿自己找伙伴结成小组进行表演，这种方式比较适合（　　　）。

A. 大班　　　　B. 中班　　　　C. 小班　　　　D. 托班

学习评价

姓名：　　　　　　班级：　　　　　　日期：

评 价 标 准	自我评价（达到打√，未达到画○）	小组评价（达到打√，未达到画○）	教师评价（达到打√，未达到画○）
能够说出表演游戏的整体指导内容			
能够掌握小、中、大班幼儿表演游戏的特点和指导要点			
能够合理组织与指导幼儿表演游戏			

学习感悟

学习任务 4 观察与评价表演游戏

学习目标

1. 了解表演游戏观察的意义。
2. 掌握表演游戏观察、记录的方法。
3. 能够科学观察记录幼儿的表演游戏。

情境导入

以下是王老师表演游戏观察记录的部分内容。

《白雪公主》的故事小朋友们早就很熟悉了,本次是第一次表演,活动的重点是让幼儿熟悉掌握故事的发展情节及各个人物的出场顺序,同时掌握角色间的对话,并能用相应的语言、动作来表现角色的性格。从活动的情况来看,幼儿参与的积极性很高,都喜欢扮演白雪公主、猎人、七个小矮人的角色。但在游戏中,幼儿对故事中的语言不太熟悉,只满足于扮演角色。幼儿对故事中人物的出场顺序和语言还不太熟悉,都抢着扮演白雪公主、猎人、七个小矮人等角色,王后的角色没有人扮演。

思考:为什么要进行幼儿表演游戏观察?观察幼儿表演游戏时,应重点观察哪些内容?

我的答案:

_____

_____

_____

_____

✦ 基础知识

一、表演游戏观察的意义

(一)真实地了解幼儿

游戏是幼儿表达自己的一个重要窗口,幼儿在游戏中是自由的、全身心投入的,并且真实地展现着自己的身心发展水平;从整体上来说,教师通过细致的观察能够全面地了解班上幼儿的平均发展水平;从个体上来说,教师通过有针对性的观察能够了解每一个幼儿的具体情况,了解每一个幼儿之间的差异所在。总之,"无观察,不教育",观察是教师了解幼儿的重要途径,能给教师带来幼儿情况的一手资料。

微课:表演游戏
观察的意义

（二）准确地预设游戏

教师只有对幼儿进行仔细观察，才能真实地了解了幼儿群体或个体的身心发展特点，掌握个体差异及"最近发展区"，从而科学合理地预设幼儿的游戏，为有效地指导幼儿的游戏做好前期的铺垫。

（三）有效地指导游戏

教育发生在真实的情境中，先进的教育理论知识必须与真实的实践情境相结合，才能发挥应有的指导作用。教师要对真实的教育情境有全面的了解，离不开细致的观察。在观察中灵活选择，运用合理的指导方法，真正做到因材施教，有的放矢。

（四）实时地评价游戏

对表演游戏的评价是教师指导幼儿表演游戏中的重要一环。表演游戏评价不仅是对幼儿表演游戏真实有效的反馈，在当前表演游戏和下一次表演游戏间还起着承上启下的作用。通过对幼儿游戏进行观察，教师能发现幼儿在游戏中体现出来的闪光点、存在的问题与不足、对下一次游戏的建议等。

活动：绘制"表演游戏观察的意义"思维导图

　　请结合所学知识，在下方绘制"表演游戏观察的意义"思维导图。

二、表演游戏观察的重点

具体来说，幼儿教师可以根据自己的观察目的有所侧重地进行观察。

微课：表演游戏
观察的重点

（一）语言和交往行为

行为是游戏观察中最为重要的一部分，对幼儿游戏行为的观察包括观察幼儿日常生活常规及幼儿间相互交往的规则；观察幼儿的表情、言行，判断他们是处于积极主动的活

动状态,还是无所事事地消极活动;观察幼儿是否能够合理分配角色;观察幼儿能否与同伴互相商量主题,合作游戏。

(二)表演技能

教师对幼儿表演技能的观察可以从幼儿表现故事、塑造角色的能力上出发,包括语气、语调及动作表情方面,另外还有表演游戏中出现的问题。通过对幼儿游戏情节的观察,教师可了解到幼儿已有的知识经验、表演技能水平,并在此基础上,为幼儿后续的游戏提供一个良好的环境,有针对性地对幼儿进行表演技能的训练。

(三)游戏环境

环境在幼儿游戏中起着不可估量的作用,是幼儿游戏必不可少的前提保障。游戏环境包括物质环境与精神环境,教师对游戏环境的观察主要考量幼儿的游戏环境是否安全、卫生、舒适;游戏环境所营造出的精神氛围是否适宜游戏的开展;游戏环境是否适宜幼儿的活动交往。

(四)游戏材料

游戏材料是幼儿游戏的载体。教师对游戏材料的观察主要是了解玩具及游戏材料是否充分发挥其教育功能;游戏中如何反映幼儿与材料之间的相互作用。幼儿对材料的喜欢程度、选择、使用情况,都可以使教师了解材料的适宜性,以便调整游戏材料,如故事中的服装、道具、头饰是否合理充分等。

活动:绘制"表演游戏观察的重点"思维导图

    请结合所学知识,在下方绘制"表演游戏观察的重点"思维导图。

三、表演游戏观察的常用方法

（一）扫描观察法

微课：表演游戏
观察的常用方法

扫描观察法即实时段定人法。教师对班里的幼儿平均分配时间，在相等的时段里对每个幼儿轮流进行扫描观察。该方法适合于了解全班幼儿的游戏情况，使用此方法要求教师预先做好准备工作，须清楚想通过观察从幼儿的活动发现什么问题。一般在游戏开始和游戏结束时用得较多。通过扫描观察法，可以获悉儿童的需要。例如，了解表演游戏开展前有哪些主题，扮演了哪些角色，使用了哪些材料等，观察者在观察中处于主动地位。

对点案例

大一班《白雪公主》表演游戏扫描观察记录

观察方法： 扫描观察法

观察时间： 20××年5月19日

观察地点： 大班活动室

观察对象： 大一班全体幼儿

案例描述：

在本次活动中，幼儿已经能较为完整地表演故事，对故事中的人物语言、动作也较为熟悉，幼儿能轮流扮演角色，尽管故事中的角色很多，但大部分小组都能有序地出场，大胆地表演。经过协商、讨论，小矮人不再无所事事，他们每天开开心心一起上山砍树、挖野菜、打猎等，玩得非常开心。表演的时间不一致，有的小组表演得较快，有的组慢，导致先表演好的小组影响到其他组幼儿的表演。一些幼儿不满足于故事的情节，出现了创编故事情节的现象。

（二）定点观察法

定点观察法即定点不定人法。观察者固定在游戏中的某一地点进行观察，见到什么观察什么，只要来此点的幼儿都可以作为被观察对象。该方法适合于了解一个主题或一个区域幼儿游戏的情况，可以获得动态的信息、了解到幼儿在游戏中使用材料的情况、幼儿交往情况、游戏情节的发展等。记录方法既可用实况详录也可用事件抽样记录，观察者处于较为被动的地位。

对点案例

观察时间： 20××年3月23日上午10点

观察区域： 表演区

观察对象： 涵涵、乐乐、佳佳

案例描述：

表演区真是热闹，我被眼前的热闹景象给镇住了："播音总监"涵涵正在有模有样地安排小朋友表演。她按照自己设计的角色表来请其他小朋友表演,在"播音总监"的安排下真是有条有理,他们表演唱歌的唱歌,用小鼓伴奏的伴奏,还有小朋友在舞台上穿着演出服装在即兴表演呢,好一番热闹。这时,乐乐过来了,刚坐下,我们的"小播音总监"就不让他闲着,帮他安排了表演,让他给舞台上表演节目的孩子进行配乐。刚刚满脸洋溢着笑容的佳佳看起来不大开心了,没等一分钟就换了个区域走人了,"小播音总监"着急地对我说:"老师,佳佳他不听话换区域了。"

四、表演游戏的记录方法

表演游戏的观察记录方法有表格记录法、实况记录法、图示记录法和媒体记录法。这里主要介绍实况记录法和媒体记录法。

微课:表演游戏
的记录方法

(一)实况记录法

实况记录是指简短地记录幼儿的游戏或游戏中的偶发事件。分为结构化记录与非结构化记录。结构化记录为因某个具体的缘由而进行观察时通常采用的记录方法。非结构化记录是指没有预定目的去观察一个或一群儿童时做的记录。这类观察是自发的,常常是因为突然发生了有趣的或是出人意料的事情,觉得有意思才记录下来,也可称为轶事记录法。这些记录可反映幼儿的游戏技能以及社会性、认知、情感和身体等方面的发展状况。实况记录可以在观察幼儿游戏的过程中进行,也可以在游戏结束之后进行——通过回忆描述游戏过程中发生的事件,这样做的不足之处是有可能遗漏游戏中的重要信息。

实况记录的内容可以很简短,但应包含以下信息:幼儿的姓名、性别,记录的日期,游戏的背景,以及对事件的客观描述和观察的结果等。焦点应放在对游戏中所见所闻的描述上。

观察者在记录时还应注意以下几点。

(1)记录被观察幼儿的游戏行为和内容。

(2)客观记录幼儿所说的话,保留原始对话的情境。

(3)记录时保留游戏情节发展的顺序。

(4)记录内容应客观而准确。

(二)媒体记录法

摄像机、数码相机、录音机在家庭和幼儿园日益普及,这些设备也可用作幼儿游戏观察的手段。媒体记录法的优点在于:第一,媒体记录可以详尽地记录较长一段时间里的内容,并重复播放,评价和改进教师参与幼儿游戏的技能;第二,运用媒体设备可以解决游戏观察的主要问题,即教师如何保证系统观察的时间;第三,媒体设备可以指向游戏区域并记录游戏的过程,而在此期间无须成人给予特别的关注;第四,媒体记录比成人直接观察更能提供游戏行为的细节,除了能显示幼儿游戏的类型,录像带、磁带还能展现以下内容。

（1）幼儿在游戏中使用的材料。

（2）幼儿与幼儿之间、师幼之间所发生的互动。

（3）幼儿在游戏中所使用的语言。

（4）游戏中幼儿及成人使用的体态语言。

最后，摄像记录可帮助教师提高观察技能。例如，利用摄像带的播放，教师可练习观察游戏情节并使用某一行为核对表对游戏加以编码，做轶事记录或插图用以描述游戏，然后比较编码和描述之间的异同。这种训练可以极大地提高教师对于游戏观察的可信度和一致性。

活动：绘制"表演游戏观察的常用方法"思维导图

请结合所学知识，在下方绘制"表演游戏观察的常用方法"思维导图。

专家观点

观察的目的

北京师范大学　刘焱

观察的真正目的并不是让我们睁大眼睛去发现让人眼前一亮的事情，不是让我们"守株待兔"式地去等待所谓真正有价值、有意义的"魔法时刻"的到来。观察的真正目的，是要求教师主动地在幼儿的日常行为中找到能够读懂幼儿思维的细节，找到解读幼儿心灵秘密的密码，找到支持、帮助、指导幼儿学习与发展的依据。

我的理解：请将你对"专家观点"的看法和感悟写在下方。

岗证赛课融通

一、对接幼儿园工作岗位

请扫码观看小班表演游戏《迷路的小蚂蚁》，并填写观察记录表。

小班幼儿表演游戏
《迷路的小蚂蚁》

幼儿园表演游戏观察记录

游戏名称：_____　　　　　　　　观察日期：_____

观察对象：_____　　　　　　　　观察者姓名：_____

观察目的：

游戏行为实录：

教育建议：

二、对接幼儿园教师资格证

（2019 年下半年　保教知识与能力）【单项选择题】游戏观察法中的定点法通常采用（　　）的记录方法进行。

　A. 符号记忆　　　　　B. 默记　　　　　C. 实况详录　　　　　D. 形象记忆

【答案】 C

三、对接幼儿教育技能大赛

请结合本学习任务的内容，至少设计一道幼儿教育技能大赛赛题，并将设计的赛题呈现在下方。

学习评价

姓名： 班级： 日期：

评 价 标 准	自我评价 （达到打√， 未达到画○）	小组评价 （达到打√， 未达到画○）	教师评价 （达到打√， 未达到画○）
能够说出表演游戏观察的意义			
能够掌握表演游戏观察、记录的方法			
能够科学观察记录幼儿的表演游戏			

学习感悟

项目 4
结构游戏

　　结构游戏是幼儿利用结构材料进行创造的活动,属于创造性游戏,是深受幼儿喜爱的游戏之一,也是幼儿园经常开展的一种游戏形式。

　　大量研究证明,结构游戏对幼儿的成长与发展具有独特的教育价值,但在日常生活中,结构游戏却容易被简化为一种单纯的娱乐活动,从而制约了结构游戏教育价值的发掘。因此,我们必须对结构游戏的内涵、特点、教育价值、组织与指导等方面进行深入的分析与诠释,以便更好地认识和理解结构游戏在幼儿发展中的重要性,从而帮助幼儿通过结构游戏获得更好的发展。

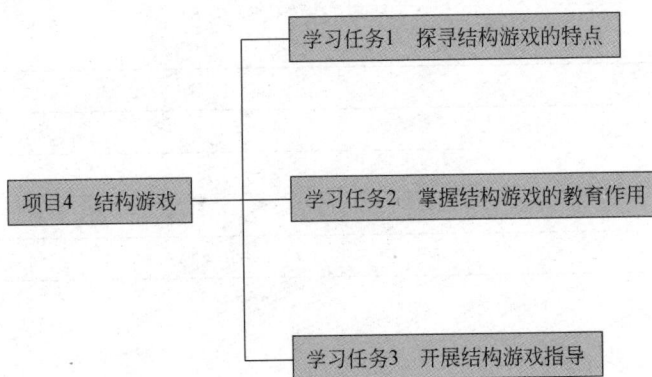

```
                          ┌─── 学习任务1  探寻结构游戏的特点
                          │
项目4  结构游戏 ───────────┼─── 学习任务2  掌握结构游戏的教育作用
                          │
                          └─── 学习任务3  开展结构游戏指导
```

学习任务1 探寻结构游戏的特点

📖 学习目标

1. 理解结构游戏的概念。
2. 掌握结构游戏的特点。
3. 了解结构游戏的分类。

👥 情境导入

又到了自主游戏时间,班里的孩子们直奔玩沙区,有的用小铲子挖洞,有的用挖掘机建造沙子城堡,有的用天平秤称沙子,有的拿着小铲子"炒菜"……

这样玩了一会儿后,云迪拿着一块圆板走了过来。她走到正在用小铲子挖洞的逢源旁边,把他挖出来的沙子放在圆板上。他们交流了几句,逢源开始把自己挖出的沙子直接放到云迪的圆板上。我悄悄地走过去,小声地问道:"你们这是在做什么呢?"云迪有些腼腆地说:"我们在做蛋糕呀。"逢源接过话茬说:"老师,你要吃蛋糕吗?"我笑着回答:"好啊,等你们做好了叫我啊!"他俩高兴地答应着,开始分头行动,云迪继续往圆板上堆沙子,逢源找来了小石子、树叶、花瓣等装饰品来装扮他们的蛋糕。

思考:幼儿们玩的是什么游戏?这类游戏有哪些特点?

我的答案:

_____

_____

_____

_____

_____

✦ 基础知识

一、结构游戏的概念

结构游戏又称建构游戏,是指幼儿利用不同的结构材料,根据自己的想象,构思、构造物体形象,创造性地反映现实生活经验的一种游戏。幼儿可利用的结构材料是多种多样的,既可以是积木、积塑、胶粒、雪花片等专门的结构材料,也可以是沙、石、水、土、雪等自然物结构材料,还可以是瓶子、纸箱、塑料瓶等废旧物品材料。结构游戏大概开始于2岁,幼儿主要通过感知觉和动作进行简单物体的搭建,随着年龄的增长和认知水平、精细动作的发展,幼儿可以建构的物体逐渐多样化,结构游戏的内容也逐渐丰富。

活动：对接已有经验

　　请结合结构游戏的概念，回忆自己以前玩过的结构游戏，并用图示或文字呈现在下方。

二、结构游戏的特点

结构游戏和角色游戏、表演游戏同属于创造性游戏，除具有愉悦性、自主性、非功利性等创造性游戏所共同特征外，还具有自身独有的特点，主要表现在以下几个方面。

微课：结构
游戏的特点

（一）结构游戏必须以多种多样的结构材料为凭借物

结构材料是结构游戏的物质基础，结构游戏的开展必须要借助于不同的结构材料，离开了具体结构材料的支持，幼儿的结构游戏也就无从谈起，所以，结构游戏能否开展很大程度上依赖于结构材料的提供。幼儿是否对结构游戏感兴趣，兴趣可以维持多久，往往也受到结构材料的影响。结构材料在幼儿的结构游戏中具有举足轻重的地位，事关结构游戏能否开展、能否顺利开展。

（二）结构游戏是幼儿的一种创造性操作活动

结构游戏的材料是由各种结构元件（积木、积塑、胶粒等）组成的，这些材料本身是没有意义的零部件，借助想象，通过动手操作，幼儿将这些无意义的元件组合成一个个千变万化的形象，赋予其多重意义。所以，结构游戏是一种操作活动，离开了幼儿的操作，结构材料便失去意义，结构游戏也就难以开展。幼儿建构的物体基本都来源于日常生活，但幼儿在建构的过程中并不是对这些物体完全照搬还原，而是会充分发挥自身的想象力和创造力，对现实物体进行创新创造。

（三）结构游戏是幼儿的一种艺术造型活动

结构游戏是一种艺术造型活动，且是一种立体造型活动，活动成果是具体的造型物品，如房屋、桥梁、汽车等。幼儿在结构游戏中，从单个物体的造型到物体的整体设计，要考虑造型的美观、色彩的搭配、物体之间的搭配关系与搭配比例等，注重造型的美观与协调，这都是艺术造型活动中不可缺少的知识与技能。所以，幼儿的结构游戏也是一种艺术造型活动，幼儿在游戏中可以锻炼自身的艺术审美能力、艺术表现能力、艺术创造能力等。

（四）结构游戏是幼儿的一种象征性活动

结构游戏来源于幼儿的生活，是对幼儿生活的反映。幼儿建构的主题和内容大都来自生活中最常见的事物与景象，例如汽车、房子、常见的动物等。幼儿根据自己的预期想法，利用结构材料，将自己对生活的了解和对世界的认知通过搭建的物体表征反映出来。

大班幼儿结构游戏《蚂蚁王国》观察记录

活动：对接幼教实践

请扫码观看大班幼儿结构游戏《蚂蚁王国》观察记录，并结合所学知识，在下方撰写该游戏的特点。

三、结构游戏的分类

结构游戏的种类多种多样，根据其使用的结构材料，主要可以划分为积木游戏、积塑游戏、积竹游戏、拼图游戏、拼棒游戏、金属结构游戏、自然物结构游戏等。

微课：结构游戏的分类

（一）积木游戏

积木游戏是指利用各式各样的积木作为结构材料，通过不同的排列组合，构造各种物体形象的游戏。积木种类多样、色彩丰富、大小不一、形状各异。幼儿可根据自身喜好选择不同的积木建构不同的主题，例如建筑物主题、动物主题、交通工具主题等。积木游戏是各类结构游戏中出现最早且最为普遍的一种游戏，受到大部分幼儿的青睐（见图 4-1）。

（二）积塑游戏

积塑游戏是指利用塑料制作的各种形状的片、块、粒、棒等部件,通过拼插、镶嵌等操作技术组成各种物体形象的游戏。相对于积木而言,积塑材料体积较小,游戏时所需空间较小,幼儿可直接在桌面上进行拼插,且材料收纳方便,所以,积塑游戏在幼儿园中、家庭中出现的频率都是比较高的(见图4-2)。

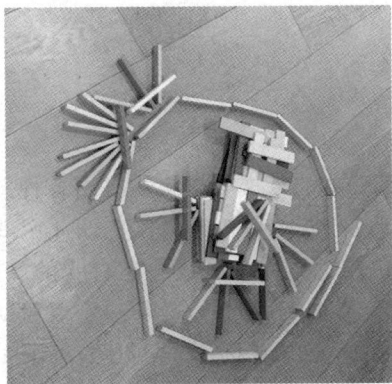

图 4-1　积木游戏材料

图 4-2　积塑游戏材料

（三）积竹游戏

积竹游戏是指将竹子制作成各种大小、长短的竹片、竹块、竹筒等,用它们进行物体构造的游戏。积竹游戏所用的材料可以是直接购买的加工后的成品竹块、竹片、竹筒,南方地区也可以结合当地特色,就地取材,直接使用天然的竹子作为建构游戏的材料(见图4-3)。积竹游戏塑造的作品往往比较精致,既可以作为幼儿的玩具,也可以作为装饰品供幼儿欣赏。

图 4-3　积竹游戏材料

（四）拼图游戏

拼图游戏是指用木板、纸板、塑料或其他材料制成不同形状的薄片并按规定方法进行拼摆的一种游戏(见图4-4)。有些拼图游戏要求幼儿按照一定方法把拆分后的"组件"拼接起来恢复到原样;有些拼图游戏要求幼儿将形状各异、大小不等的散片拼成各种图形,如七巧板。所以,拼图游戏不仅仅是一种结构游戏,也是一种智力游戏,对幼儿认知水平

图 4-4　拼图游戏材料

的发展、思维能力的提升意义重大。

（五）拼棒游戏

拼棒游戏是指用火柴棒、塑料管、冰棒或用糖纸搓成的纸棍等棍状物拼出各种图形的一种游戏。拼棒游戏往往与艺术领域中的美术活动联系密切，教师可以在幼儿游戏开始之前，引导幼儿对建构材料进行色彩加工，将原木色的火柴棒等涂成自己喜欢的颜色，当然，也可以在游戏完成之后根据建筑物的特征进行色彩加工。此外，教师一定要对幼儿所用材料，如冰棒、塑料管等进行彻底的清洁消毒，以防幼儿出现卫生安全问题（见图 4-5）。

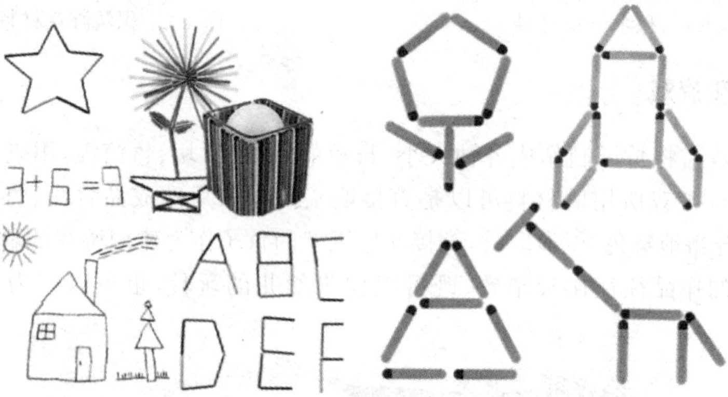

图 4-5　拼棒游戏材料

（六）金属结构游戏

金属结构游戏是指以带孔眼的金属片为主要的建构材料，用螺丝结合，建造各种物体形象的一种结构游戏。金属结构游戏所用的材料比较零碎、细小、精致，较考验幼儿的精细动作发展，对于年龄较小的幼儿来说难度较大，所以金属结构游戏多适用于大班幼儿（见图 4-6）。

（七）自然物结构游戏

自然物结构游戏是利用自然界中的物体作为游戏材料构造物体形象的一种游戏（见

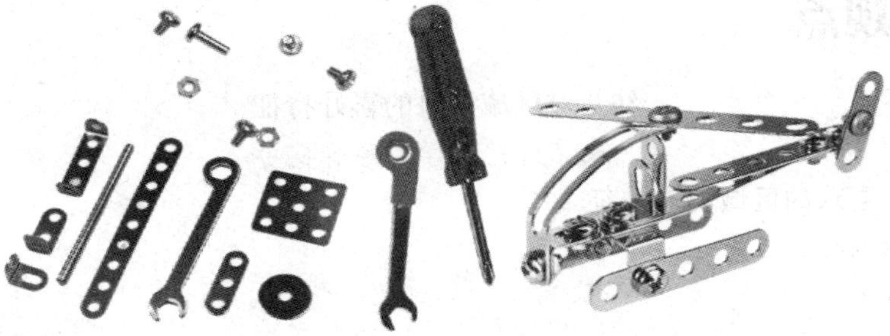

图 4-6　金属结构游戏材料

图 4-7）。例如,幼儿用各种形状的树叶、石子、谷物拼成不同的图案就属于自然物结构游戏,以及幼儿普遍喜欢的玩沙、玩雪、玩水等也均属于自然物结构游戏。进行自然物结构游戏的过程中,不仅能够促进幼儿动作、认知、创造性等方面的发展,还能使幼儿密切接触大自然,感受大自然,培养幼儿对大自然的热爱与敬仰之情。

图 4-7　自然物结构游戏材料

活动：对接已有经验

　　童年的记忆是美好的,你还记得童年时期玩过的结构游戏有哪些吗？请尝试画在下方。

专家观点

幼儿对区域材料的喜好特征

南京师范大学　原晋霞

一、幼儿喜欢的区域材料特征

（1）低结构性。

（2）自然性。

（3）新颖性。

（4）能支持幼儿模拟真实生活情境，体验真实角色。

（5）数量丰富。

（6）漂亮或整理有序。

（7）由幼儿参与制作。

二、幼儿不喜欢的区域材料特征

（1）高结构性和低难度性。

（2）危险性。

（3）不符合性别期待。

（4）摆放杂乱无序。

我的理解：请将你对"专家观点"的看法和感悟写在下方。

岗证赛课融通

一、对接幼儿园工作岗位

请走进幼儿园,并将幼儿园的结构游戏材料分类拍照呈现在下方。

二、对接幼儿园教师资格证

(2016 年上半年　综合素质)【单项选择题】活动区活动结束了,可是晨晨的游乐园还没搭完,他跑到老师面前说:"老师,我还差一点就完成了,再给我 5 分钟行吗?"老师说:"行,我等你。"一边说,一边指导其他幼儿收拾整理……该教师的做法体现的幼儿主体性表现特征是(　　)。

　　A. 创造性　　　　　B. 独立性　　　　　C. 自主性　　　　　D. 随机性

【答案】　C

三、对接幼儿教育技能大赛

1. (2020 年全国职业院校技能大赛(高职组)"学前教育专业教育技能"赛项赛卷)【幼儿教师职业素养测评——专业理论知识选择题】3 岁的浩浩玩插塑时,他的妈妈总是让他想好了再去插,而他却是拿起插塑就开始随便地插,插出什么样,就说插的是什么。关于这一现象说法不正确的是(　　)。

　　A. 浩浩思维体现了抽象逻辑性

　　B. 浩浩现在的思维离不开直接感知和行动,行动的目的性、计划性很差

　　C. 浩浩现在稍微带有较大的直观行动性

　　D. 浩浩的行为符合该年龄段思维的特征

2. (2020 年山东省职业院校技能大赛(高职组)"学前教育专业教育技能"竞赛样题)【幼儿教师职业素养测评——专业理论知识选择题】听了"白雪公主"的故事后,幼儿自觉模仿"小矮人"说话的口气和用词,以及"小矮人"的动作,这类游戏属于(　　)。

　　A. 角色游戏　　　B. 表演游戏　　　C. 规则游戏　　　D. 建构游戏

✎ 学习评价

姓名：　　　　　　　班级：　　　　　　　日期：

评 价 标 准	自我评价 （达到打√， 未达到画○）	小组评价 （达到打√， 未达到画○）	教师评价 （达到打√， 未达到画○）
理解结构游戏的概念			
能与幼儿家长交流结构游戏的特点			
能对幼儿园的结构游戏材料进行分类			

🔔 学习感悟

学习任务 2 掌握结构游戏的教育作用

📖 学习目标

1. 理解幼儿结构游戏的教育作用。
2. 能够运用所学知识,分析某一结构游戏对幼儿的教育价值。
3. 体会结构游戏与幼儿发展之间的关系。

📰 情境导入

豪豪在建构区已经玩了三天了,这三天豪豪都会在建构区独自用积木搭建停车场。今天豪豪和往常一样,又搭建了一个停车场,把小车停在里面,不同的是,搭建完停车场后,豪豪用积木又做出了一架小飞机,然后拿着手里的飞机说:"老师,你看我做的飞机。"豪豪的声音吸引来了墨墨和冬冬这两位小朋友,他们走过来,从建构区柜子上又拿出一盒积木,也要做一架小飞机,三个小朋友做的小飞机都不一样。

这时,豪豪拿着自己的小飞机在教室里跑起来,边跑边说,飞过大海、飞过大地、飞过高山、飞过月亮……墨墨和冬冬两位小朋友拿着自己做的飞机也跟在豪豪后面跑起来。这时冬冬做的飞机在奔跑时不小心掉在了地上,飞机散架了,他蹲在地上重新把飞机做好。

豪豪和墨墨又回到了建构区,为飞机做了一个停机场,接着豪豪给自己的十字架飞机左右两边又添加了一块积木,飞机的翅膀出来了。这时,冬冬修好了自己的小飞机,也回到了建构区,冬冬和墨墨也把自己的小飞机进行了积木添加,小朋友们的小飞机更复杂一些了。

思考:在建构区的几天,豪豪发生了哪些变化?

我的答案:

_____

_____

_____

✦ 基础知识

结构游戏符合幼儿身心发展的特点,满足幼儿身心发展的需求。大量研究证明,结构游戏不仅具有娱乐功能,更重要的是具有推动幼儿发展的教育功能。结构游戏对幼儿的动作、认知、个性、社会性、审美等方面的发展都具有重要的积极作用。

微课:结构游戏对幼儿精细动作发展的作用

一、结构游戏能够促进幼儿精细动作的发展

幼儿动作的发展遵循从粗大动作到精细动作的顺序,0～6岁是幼儿手部精细动作发

展的重要时期。结构游戏作为一种操作活动,对幼儿手部动作的发展具有积极的促进作用,幼儿在操作过程中对结构材料进行拼插、排列、镶嵌、旋转、垒高、围合等,又或者不断重复建构物体的过程,都离不开手部动作的练习和发展。

(1)结构游戏能够促进幼儿手部动作灵活性、控制力、精确性的发展。幼儿早期,由于骨骼及肌肉发育不完善,所以精细动作发展不成熟,在结构游戏中,幼儿不断的搬运、操作、建构,使手臂、手腕、手指等骨骼的灵活性与肌肉的坚韧性都得到了一定程度的锻炼,促进了基本动作,尤其是手部动作的发展,使手部动作的控制力和灵活性得到加强。同时,随着年龄的增长,幼儿对自己构造的物体形象的要求越来越高,他们会更加追求物体形象的逼真、细致与漂亮等,这些要求往往需要幼儿具备更复杂、难度更大、对动作要求更细致的建构技能,以建构出更加精细、整齐、匀称的物体形象。所以,幼儿不断尝试建构出更加逼真的物体形象的过程,也是锻炼手部动作精确性的过程,逐渐地使手部动作朝着越来越精细化的方向发展。

(2)结构游戏能够促进幼儿手眼协调能力的发展。在结构游戏中,幼儿在建构物体形象时,需要手眼一致地进行活动,如在进行拼插时,幼儿只有手眼协调,才能将材料拼到一起或者插入正确的位置。良好的手眼协调能力,不仅可以全面提升幼儿的精细动作和运动能力,有效强化幼儿的专注水平,也有利于其感觉器官的发展,推动感知觉等心理过程的完善。

> **对点案例**
>
> 某幼儿老师在国庆假期后,发现国庆的"大阅兵"成为幼儿热议的话题,并生成了"大一班大阅兵"的主题活动。在主题活动中,设计了结构游戏《坦克》。在制作"坦克"履带时,铭铭把一根白色洗衣机软管竖着剪成两半,孩子们合力把管子两头固定在"坦克"上。

二、结构游戏能够促进幼儿认知的发展

认知发展是幼儿发展的重要组成部分,它涉及知觉、记忆、想象、思维、注意等多种心理过程。结构游戏不仅能够反映幼儿的认知发展水平,而且也为幼儿新的认知发展提供了机会和条件,在幼儿认知发展过程中具有独特的价值与作用。

微课:结构游戏
对幼儿认知
发展的作用

(1)结构游戏有利于幼儿创造性思维的发展。培养幼儿的创造性思维是现代社会对现代教育的一个基本要求。结构游戏是一种创造性游戏,幼儿可以充分发挥自身的想象力与创造力构造出感兴趣的物体形象,对其创造性思维的发展具有重要意义。创造性思维的发展是以感知觉、记忆、想象、思维等心理过程的发展为基础的,幼儿在结构游戏中,离不开对现实物体的感知,离不开对头脑中物体表象的回忆,离不开对物体形象的构思与设计,这都促进了幼儿创造性思维的发展。同时,幼儿在具体建构过程中,并不是完全的还原头脑中关于现实物体的形象,往往会加入自己想象的成分,例如,幼儿会通过变换材料、变换形状、变换颜色等方法,构造出造型各异的小汽车。

(2)结构游戏能够丰富幼儿的感性经验,帮助幼儿获得初步的科学概念。在结构游戏中,幼儿对结构材料进行操作的过程也是认识客观事物以及了解事物与事物关系的过

程。例如,在搭建积木的过程中,通过对积木的观察、接触和操作,幼儿可以获得关于积木形状、质量、大小、长短、色彩、数量等客体性质的感性经验,有利于幼儿今后将这些经验迁移到对客观世界的认识上,为以后科学概念的形成打下基础。同时,通过反复用积木搭建各种结构,幼儿还可获得许多积木与积木之间关系的经验。在活动过程中,幼儿不得不开始思考一些问题,如整体与部分是怎样的关系,积木与积木间如何保持平衡,怎样才能把积木搭高而不让它倒塌,等等。由此可见,幼儿通过结构游戏可以积累大量的感性经验,为之后科学概念的学习奠定基础。

(3)结构游戏有利于幼儿问题解决能力的发展。问题解决能力是适应环境和生活的一种基本能力,结构游戏为幼儿提供了发现问题和解决问题的机会,有助于幼儿问题解决能力的形成与发展。幼儿在进行结构游戏前,首先会对即将构建的物体形象进行构思与设计,对建构的物体形象有一个预先的大致表象。接下来,幼儿会根据构思的物体形象,规划出所需积木的大致数量、形状和颜色等,以方便之后的构建活动。再之后便是正式的建构环节,也就是将预先构思的表象转化为结构形象的过程。在这一系列的过程中,幼儿借助先前经验,结合当前情境,通过构思与思考,发现结构游戏中可能出现的问题,并设想出解决问题的方法,这个过程是对其问题解决能力的锻炼。在开始建构后,幼儿还可能遇到一些诸如搭建欠稳当、积木数量不够或者不能达到预想效果等的新问题,幼儿在具体建构与操作的过程中去解决这些问题,潜移默化中又是对问题解决能力的提升。

对点案例

走廊上,游戏一开始,孩子们先选择了长方形木板进行基层搭建,乐乐边铺边说:"要铺整齐,不能有空隙。"当基层搭建完成后,他们发现用正方形的小木块无法进行垒高,后来他们尝试用两个木板拼起来再竖起来,虽然能站稳了,但是想要在上面再搭建时发现楼体会摇摇晃晃。"不行,这样会倒。""那怎么办?你就不能这样放了。"这个时候,我看到他们身后还有很多不同形状的材料没有被利用起来,便说:"这些材料没用到,好可惜。"小朋友们听到后思考了一下,圆柱体、长方体纷纷被小朋友们搬过来参与进了搭建工程。

随着作品的即将完成,他们发现自己的超然楼没有房顶,这可怎么办?他们尝试变换不同的材料来建成一个类似桥一样的结构,可是发现长度不够,两个拼起来又连不起来。——跑过来对我说:"我得去找点东西。"说完便跑到旁边的美工区里转了一圈,拿回来了一个大纸袋,她把纸袋压扁,盖在了楼体的最上面,这样一个顶层就出现了,他们将其他不同形状的积木再放到纸带上,就解决了封顶的问题。

三、结构游戏有助于幼儿良好个性品质的发展

幼儿的良好个性品质包括独立性、主动性、自信心、自制力、责任感等多个方面。3~6岁是个性发展的第一个重要时期,所以,幼儿良好个性品质的培养应从幼儿期开始。结构游戏作为幼儿的主要活动,一方面能够培养幼儿坚持、专注的意志品质,另一方面能够促进幼儿良好情绪情感的发展,对幼儿良好个性品质的培养具有重要积极作用。

微课:结构游戏对幼儿个性品质发展的作用

（1）结构游戏有利于幼儿坚持、专注等意志品质的培养。受身心发展水平限制以及兴趣、需要的影响，幼儿的自制能力与坚持性往往较差。在结构游戏中，建构出一个物体形象往往需要几十甚至上百个元件材料相互组合，需要幼儿花费较长时间专注在游戏中，所以，一旦主题内容确立后，就需要幼儿有十足的耐心、坚持到底的决心，绝不能半途而废，即使在建构过程中遇到困难、进度缓慢，也要沉着应对，克服困难，努力想办法解决问题，完成任务，这对幼儿的自制力、意志力都是一种考验。所以，通过这样的建构活动，可以自然而然地培养幼儿坚持不懈、不轻言失败的良好意志品质。同时，在游戏构建过程中，幼儿若要完成建构任务目标，须将注意力集中在活动操作中，不可一心二用，这对于锻炼和发展幼儿的有意注意具有重要作用，有助于幼儿养成良好的学习习惯和品质。

（2）结构游戏能够促进幼儿良好情绪情感的发展，使幼儿获得良好的自我体验。在结构游戏中，幼儿具有充分的自主权，能够按照自己的意愿选择适宜的材料建构自己喜爱的物体，所以，在整个游戏过程中，幼儿的情绪情感体验是积极、愉快、稳定的，长此以往，有利于幼儿良好、稳定情绪情感的发展，对于幼儿良好个性品质的塑造具有积极推动作用。另外，结构游戏是一种构造物体形象的操作活动，随着游戏时间的推进，当建构的作品逐渐出现在幼儿面前时，幼儿能够体会到通过努力而获得成功的成就感，有利于维持幼儿对结构游戏的兴趣，以方便下次游戏活动的开展，更有助于幼儿自尊心、自信心的形成，使幼儿获得良好的自我体验。

对点案例

　　小班的豆豆、果果和佳一三位小朋友一起进入建构区游戏，豆豆对果果说："我们一起搭建一个高高的房子吧。"果果说："好啊，不过我们都要搭建，谁来拿积木呢?"于是两人找到了佳一，经过一番商量，三人最终达成一致，豆豆和果果一起搭房子，佳一负责搬运积木。接下来，果果和豆豆两人开始忙着搭建起来。豆豆拿起长方形积木，用间隔垒高的方式开始搭建。果果拿起圆柱形积木开始搭建，又拿了一个半圆形放在圆柱形的上方。豆豆指着果果的积木说："你搭建的是大门，我们可以从这里进来，这里是客厅。"果果笑着说："我的大门快要完成了。"这时，豆豆一个转身把即将完成的大门不小心给撞倒了，但是他们并没有生气，而是又重新开始搭建房子。

四、结构游戏能够推动幼儿社会性的发展

　　游戏是幼儿社会性发展的重要途径，是幼儿社会性交往的主要形式。幼儿社会性能力的发展不是来自直接教学，而是在幼儿的各种活动中形成和发展起来的。结构游戏作为幼儿十分感兴趣的操作活动，蕴含着促进幼儿社会性发展的机会与条件，能够促进幼儿社会性的发展。

微课：结构游戏
对幼儿社会性
发展的作用

　　（1）结构游戏有助于幼儿获得社会交往技能，提高社会交往能力。在结构游戏中，幼儿要就建构的主题、内容、材料等进行构思和交流，协商确定建构的主题是什么，围绕建构主题要构造哪些物体形象，选择哪些材料才完成建构，等等，这些都需要幼儿不断地协商、讨论，既要发表自己的想法，又要听取其他同伴的看法，在这个过程中，幼儿逐渐学会了协商、交流等人际交往的技能技巧。另外，在游戏过程中，幼儿不可避免地会遇到各种人际

交往问题,例如,如何加入其他小伙伴的游戏中,如何解决争抢结构材料的冲突和纠纷,等等。在解决这些社会性交往问题的过程中,幼儿能够获得诸如轮流、等待、分享、谦让等社会交往技能,学会了解和理解他人的想法、观点、情绪情感等,逐渐掌握同伴之间交往的规则,提高与人相处的能力。

(2)结构游戏有利于幼儿合作行为的发展,提高幼儿社会化水平。合作是指幼儿与同伴为完成一个共同活动目标而自愿协同配合,有利于幼儿最大化地实现目标。在结构游戏中,常常会出现需要与同伴相互合作完成建构任务的情况,所以,幼儿开展结构游戏的过程也是推动其合作行为不断发展的过程。一般来说,当结构游戏的主题、搭建的内容较复杂时,或者搭建一些大型的作品时,幼儿往往会通过分工和合作的方式来完成;当在游戏过程中遇到问题或困难时,如某种结构材料不足或搭建不成功等,幼儿也会通过相互借用材料或寻求同伴帮助等合作行为来继续完成游戏;有时为了更快更形象地表现作品,幼儿之间也会有积极的合作行为,比如分工完成"幼儿园"主题的建构。所以,结构游戏中幼儿的合作行为既有利于游戏更好地开展,也有利于幼儿合作能力的发展,促进幼儿社会化水平的提高。

对点案例

户外游戏时间到了,孩子们高高兴兴地来到平衡区的场地上,只见他们有的两两合作抬梯子,有的三四个人一起抬攀爬架(见图4-8),有的五六人一起推拉木箱,力气大一点的幼儿就独自搬木板,吕佳诺小朋友在搭建过程中成了"小小领导者",他指挥着搬运的小朋友摆放,并帮助他们把梯子两头的凹陷处卡在攀爬架上,如遇到不卡槽的地方他会调整两个攀爬架的位置,一直到合适为止……

图4-8 幼儿合作建构

五、结构游戏有利于幼儿审美能力的发展

结构游戏是一种艺术造型活动,幼儿构造物体的过程既是其审美能力的体现,也是在为幼儿审美能力的提升创造机会和条件。幼儿根据自己的兴趣,将头脑中已有的物体形象通过结构材料生动、形象地表现出来,是幼儿感受美、欣赏美、表现美、创造美的过程,体现了幼儿对现实生活中美好事物的追求,有利于幼儿审美能力的提升。

微课:结构游戏对幼儿审美能力发展的作用

1. 结构游戏有利于幼儿审美感知力的发展

幼儿审美教育的主要目的就在于幼儿审美感知力的培养,游戏作为审美教育的重要途径之一,对于幼儿审美感知力的发展具有重要意义。幼儿在构造物体之前,往往会选择色彩鲜艳、造型丰富的材料作为物质基础,体现了幼儿对色彩美、造型美的兴趣;在构造物体过程中,幼儿不仅关注材料之间的色彩搭配,而且会注意结构物的比例问题,追求比例上的对称、统一等,表现出对对称美和平衡美等美感的追求;在结构物大体轮廓完成后,幼儿常常会利用辅助材料对结构物进行装饰和美化,想方设法让自己的作品变得更美观、更细致;在建构之后的评价环节,幼儿会与同伴互相欣赏造型作品,乐于分享自己对作品的想法,会有意识地比较自己和同伴的作品,例如谁的作品更好看。以上各个环节都有利于幼儿在亲身操作中体会、感知现实生活中的美,促进其审美感知力的发展。

2. 结构游戏有利于幼儿审美想象力的发展

结构游戏作为一种创造性游戏,构造物体形象的过程中离不开幼儿对美的想象与创造。在结构材料的运用方面,幼儿并不仅仅局限于材料本身的显性用途进行拼插搭建,而是有意识地为材料添加想象的成分,赋予材料创新性价值,突出作品的想象美,例如,幼儿会把三角形的积塑想象成翅膀,拼插在飞机上。在建构完成后,幼儿也常常通过想象性的赋予,试图解释自己建构的物体,将脑海中的审美意象转化为艺术形象,例如当教师问幼儿建构的是什么物品时,幼儿往往会结合自己的审美想象来解释自己的作品。

对点案例

某幼儿园的建构区有旧扑克牌,孩子们借助这些扑克牌,搭建了"高高的扑克牌大楼""漂亮的扑克牌公园""各种各样的路""四通八达的高架桥"等。

活动：对接幼教实践

请走进幼儿园,选取一个你感兴趣的幼儿结构游戏,结合所学知识,试分析其对幼儿的教育价值。

专家观点

结构游戏到底看什么

上海市教育委员会教学研究室幼教教研员 徐则民

结构游戏到底看什么？很多教师一定会回答：结构游戏就是看儿童的建构水平呀！其实，这样的回答有一定的道理。

以积木搭建为例，从儿童搭建的最终作品中，我们不仅能判别出作品的逼真度、复杂度以及完整性等，我们还能从儿童的作品中分析出儿童平铺、延长、围合、垒高、对称、间隔、架空、盖顶等各种建构能力的发展水平。

倘若一位一线教师真的能如此分析幼儿的建构作品，所体现的无疑也是教师的专业水平了。然而，"结构游戏就是看儿童的建构水平"这样的回答未免偏颇。因为，在一场儿童发起的建构游戏中，如果真的仅仅是用作品的优劣好坏来评价幼儿的建构过程，我们会感到极其不甘心。这是因为在大量的现场活动中，我们常常会被儿童在游戏过程中所呈现出的兴趣、坚持、目的等所吸引，会观察建构能力以外的其他内容，这其中或许就有儿童的想象能力、团队合作能力、解决问题的能力等。也就是说，当儿童的一个作品完全逼真地呈现出物体的外形特征时，我们可以说："儿童掌握了物体的主要特征、儿童有一定的建构技能、儿童有较好的空间知觉。"但我们未必会说"儿童有足够的想象力"。

同样，也许儿童的作品不能与"高超完美"画等号，但他的游戏过程充满着乐趣与想象：他能根据自己的计划不断地尝试与解决问题，他还一次次地与人协调，他会找来很多可以替代的材料，他能不受干扰地干自己的事，等等，我们一定会被儿童这样的建构过程所感染。

所以，会与不会、好与不好，不应该是我们评判游戏的唯一标准，儿童的游戏过程"是否全力以赴""是否获得足够的满足""到底获得了什么满足"等才应该是我们观察、评估儿童的重要内容。

我的理解：请将你对"专家观点"的看法和感悟写在下方。

岗证赛课融通

幼儿园中班项目化
学习活动《停车场》

一、对接幼儿园工作岗位

请扫码观看中班项目化活动《停车场》,结合所学知识,分析该活动的
教育作用,并将分析内容呈现在下方。

二、对接幼儿园教师资格证

(2022年上半年 保教知识与能力)【简答题】简述积木游戏对幼儿发展的影响。(请
将你的答案写在下方)

三、对接幼儿教育技能大赛

请结合本学习任务的内容,至少设计一道幼儿教育技能大赛赛题,并将设计的赛题呈现在下方。

✎ 学习评价

| 姓名: | 班级: | 日期: |

评 价 标 准	自我评价 (达到打√, 未达到画○)	小组评价 (达到打√, 未达到画○)	教师评价 (达到打√, 未达到画○)
理解幼儿结构游戏的教育作用			
能够运用所学知识,分析某一结构游戏对幼儿的教育价值			
能够与幼儿家长沟通交流结构游戏与幼儿发展之间的关系			

❀ 学习感悟

学习任务 3　开展结构游戏指导

学习目标

1. 掌握幼儿结构游戏指导的基本内容。
2. 能够运用所学知识组织各年龄班幼儿开展结构游戏。

情境导入

某幼儿园在开展《我家住在大海边》主题活动时，幼儿选择了结构游戏"造船"。在寻找合适的造船材料时，孩子们意见出现了不一致，木头、矿泉水瓶、泡沫、纸壳、轮胎、竹竿、树枝、PVC管等材料被孩子们你一言、我一语地说出。

思考：如果你是幼儿教师，你将如何开展指导？

我的答案：

_____

_____

_____

_____

✦ 基础知识

结构游戏作为一种深受幼儿喜爱的自主性、创造性活动，被赋予了一定的教育目的，对幼儿的发展具有重要价值。若要充分发挥结构游戏促进幼儿发展的教育价值与作用，幼儿游戏过程中必然离不开教师的正确指导。

微课：结构游戏的指导

一、引导幼儿观察，丰富幼儿生活经验

生活经验是幼儿开展结构游戏的基础和源泉。结构游戏是幼儿利用结构材料构造物体形象的一种游戏，幼儿构造的物体形象往往来源于生活，是对现实生活的反映，这就要求幼儿必须具备丰富的生活经验，对周围环境中的物体要有细致、深刻的了解和观察，但由于幼儿认知发展的局限性，往往会出现观察物体不细致、不全面、不深刻等问题，这就需要教师对幼儿的观察加以有效引导。

（一）引导幼儿多渠道观察，丰富幼儿感性经验

教师要为幼儿提供多种渠道，引导幼儿观察日常生活中的不同物体。

（1）教师可以带领幼儿到大自然中实地观察。"大自然、大社会都是活教材"，教师应充分利用大自然这一重要教育资源，引导幼儿有目的地观察大自然中的动物、植物、现象等，帮助幼儿获得丰富的生活经验，助力幼儿在结构游戏中能建构出多种多样的物体形

象,进一步激发幼儿对结构游戏的兴趣。

（2）教师可以带领幼儿在幼儿园或者社区中进行观察。建筑物是深受广大幼儿喜爱的建构主题,也是幼儿园和社区中最为常见的物体,教师可以带领幼儿观察幼儿园或社区中的建筑物,其中包括建筑物的结构、颜色、排列等,加深幼儿对建筑物的印象,大脑中形成建筑物的基本表象,为接下来的自主搭建奠定基础。

（3）教师可以利用图片、视频等直观方式引导幼儿去观察。图片、视频等方式既符合幼儿思维发展的水平和特点,也能使幼儿观察认识到日常生活中难以接触到的事物。例如,幼儿可以通过图片、视频等观察到天安门、长城、天坛等祖国雄伟壮丽的景观,观察到飞船、火箭、卫星等代表祖国强大繁荣的先进科技,通过对图片、视频中物体的观察与分析,幼儿掌握了这些物体的基本特征,加深了对这些物体的印象,并能够在结构游戏中利用想象创造性地表现出来。

活动：对接幼教实践

　　某幼儿园小班准备开展结构游戏《造房子》,请结合所学知识,分析如何引导幼儿多渠道观察,并将拟开展的活动呈现在下方。

（二）引导幼儿对比观察,把握物体细致特征

对于同类事物,教师可以引导幼儿进行对比观察。对比观察一般适用于两种或两种以上物体的观察,通过对比观察,幼儿可以发现同类事物之间的相同点和不同点,有利于幼儿掌握事物之间的共性和个性,加深对事物的印象。例如,在要求幼儿观察小鸡和小鸭这两种动物时,除引导其观察两种动物在翅膀、羽毛、体型等方面的相同之处,还应重点引导幼儿注意它们在嘴部、脚部等方面的不同点,有助于幼儿细致了解、区分动物的特征,在主题建构过程中才能准确把握。

活动：对接幼教实践

　　某幼儿园中班准备开展结构游戏《管道设计师》，请结合所学知识，分析如何引导幼儿进行对比观察，并将拟开展的活动呈现在下方。

二、创设游戏条件，提供必要的物质材料

　　游戏场地、游戏材料是幼儿开展结构游戏的物质基础。不同于角色游戏与表演游戏，结构游戏的顺利开展必须要依赖于充足的结构材料或结构玩具，离开了结构材料或结构玩具，幼儿的游戏就失去了建构所需的凭借物，也就不存在所谓的结构游戏。所以，幼儿结构游戏的开展离不开教师对游戏环境的创设，这其中就包括既要为幼儿提供适宜的结构游戏场地，又要为幼儿准备充足的结构游戏材料。

（一）为幼儿开展结构游戏提供适宜的场地

　　结构游戏的种类多种多样，不同类型的结构游戏对于游戏场地的要求也是不同的。

　　对于小型结构游戏来说，幼儿所需游戏空间一般较小，教师往往不需要设置固定的、专门的游戏区域（见图 4-9），例如拼图、拼插雪花片等游戏，幼儿可直接在桌面上进行建构。

图 4-9　小型结构游戏场地

　　对于一些大型结构游戏，由于游戏所需的结构材料体积较大，占用空间较多，这就需

要教师为幼儿提供固定、宽敞的游戏场地(见图 4-10)。教师既可以在班级中设置专门的建构区供本班幼儿开展结构游戏,也可以在走廊中设置可供多个班级共同使用的建构区,还可以在户外设置容纳各个年龄班一起使用的建构区域,这不仅有利于幼儿结构游戏的开展,也有助于幼儿在游戏的过程中加强交流与合作,促进社会性发展。

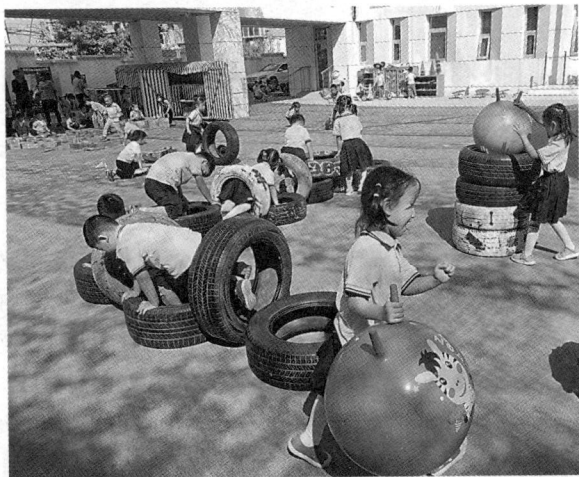

图 4-10　大型结构游戏场地

(二)为幼儿开展结构游戏准备充足的材料

结构材料不仅可以激发幼儿参与结构游戏的兴趣,也会影响幼儿对结构游戏的专注程度。教师在为幼儿准备结构材料时应注意以下几点。

(1)提供的材料必须是安全、无毒、无害的。《幼儿园教育指导纲要(试行)》中明确指出:"幼儿园必须把保护幼儿的生命和促进幼儿的健康放在工作的首位。"所以,教师为幼儿提供的结构材料,在满足美观性和教育性的同时,一定要符合国家的玩具安全标准,以防出现危害幼儿安全与健康的情况。

(2)提供的结构材料应符合幼儿的年龄特点和发展水平。小班幼儿手部肌肉发展较弱,动作的精细程度较低,所以在小班投放的材料可以是一些轻巧、简单、鲜艳、易拼插的中大型建构材料。中班幼儿手指相对较为灵活,开始有初步的创新求异的愿望,因此,适宜在中班投放的材料有万变旋转积塑、积木等中小型建构材料。

(3)投放的材料应以低结构材料为主,具有可操作性。低结构材料具有多种不固定功能、玩法或规则等,相对于高结构游戏材料,低结构材料的使用更有利于幼儿创造性思维的发展。所以教师应尽量为幼儿投放无固定功能的低结构材料,有助于幼儿按照自己的想象建构出不同的物体形象。

(4)引导幼儿充分利用自然物和废旧材料进行建构活动。大自然中的小石头、木块、树枝、树叶、稻草等材料都可以成为幼儿结构游戏的材料。幼儿在使用这些材料的过程中,会不知不觉地亲近自然,并带来更多的探索机会,比如用石头盖房子,在垒高的过程中,需要探索不规则形状的平衡点;用稻草做屋顶时,要探索如何克服稻草的软度,让稻草成型。

> **活动：对接幼教实践**
>
> 　　某幼儿园大班准备开展结构游戏《野生动物园》，请结合所学知识，分析应为幼儿提供哪些游戏材料，并将游戏材料的名称和图示呈现在下方。

三、传授建构知识，提高幼儿建构技能

　　结构游戏作为一种操作活动，是在幼儿掌握了一定建构知识和建构技能的基础上进行的，幼儿的建构知识及建构技能影响着幼儿对游戏的兴趣、游戏的内容以及游戏的水平等。为调动幼儿参与结构游戏的积极性，提高幼儿结构游戏的水平，教师应帮助幼儿掌握一些建构知识及建构技能，主要包括以下几个方面。

　　（1）认识材料的能力。幼儿建构物体的第一步是需要认识各类结构材料，如材料的性质、功能、名称等。由于发展水平的差异性，所以在认识结构材时，对不同年龄阶段幼儿的要求是不同的。小班幼儿要求能够叫出材料的名称，并会分辨材料的大小、颜色和形状等外部特征；中班幼儿应能区分结构材料在高低、宽窄、厚薄、轻重等方面的特征；大班幼儿则需认识到结构材料更为内在、本质的特征，例如材料的性质、功能等。

　　（2）操作材料的能力。操作材料的能力即结构游戏中幼儿建构物体形象所需的方法和技能，在结构游戏中，积木、积塑这些单一的结构元件本身并无任何意义，只有将其组合建构成某一物体形象时才具有意义，所以掌握一定的建构方法和技能对幼儿来说尤为重要。积木建构涉及的技能主要有延长、平铺、垒高、架高等（见图 4-11～图 4-14），积塑建构涉及的主要技能有一字插、十字插、花形插、整体连接、端点连接、围合连接、镶嵌、填平等。教师在平时游戏过程中，可以采用多种方法教给幼儿一些建构的基本技能，并在幼儿游戏操作时给予针对性指导。例如，教师可以采用边示范边讲解的方法引导小班幼儿学会延长、平铺、盖顶、拼插、围合、垒高等基本技能；对于中班幼儿，教师可以采用示范与讲解相结合的方法启发他们运用组合、拼插、排序、对称等结构技能及平衡、配色等结构知识进行建构；针对大班幼儿，则更多地采用语言提示的方法重点指导他们建构更加复杂、精细、匀称，且有一定创造性的物体。

图 4-11　建构技能：延长

图 4-12　建构技能：平铺

图 4-13 建构技能：垒高

图 4-14 建构技能：架高

（3）设计构思的能力。结构游戏的创造性主要体现在幼儿能够运用自身的想象力和创造力设计构思出游戏的主题与内容，而不是仅仅依赖于教师的预设。所以，教师应注重幼儿设计构思能力的培养，使幼儿具备设计结构游戏方案的能力，并按照设计方案有目的、有步骤地进行物体建构，还能根据建构情况修改或补充建构方案。例如，幼儿能够根据教师提供的材料，初步设计出自己想要建构的物体是什么，准备用哪些材料建构这一物体，以及如何建构等。

活动：对接幼教实践

　　请利用实训室结构游戏材料，设计结构游戏作品，并将作品图片粘贴在下方。

四、提高观察能力，适时适当介入指导

　　我们强调幼儿游戏的自主性，强调幼儿在游戏中的主体地位，并不是完全放弃教师对游戏的指导，教师始终是幼儿游戏过程中重要的支持者和引导者。所以，幼儿在游戏过程中离不开教师的介入指导，但教师在指导幼儿游戏时应注意介入的时机与方式方法，同时，合适的时机和适宜的方式方法，必然是以教师对幼儿游戏过程的观察为前提的。

（一）观察并合理参与幼儿结构游戏

　　当幼儿开展结构游戏时，一些教师会利用这段时间去忙其他工作，在没有教师参与的情况下，幼儿的结构游戏往往会出现秩序较乱、游戏内容单一等问题。所以，教师应时刻关注幼儿的游戏过程，在幼儿之间进行巡回观察，观察幼儿对游戏的专注度如何；观察幼

儿在游戏中是否能够遵守游戏规则；观察提供的材料是否能够满足幼儿的游戏需要，等等。通过观察，教师能较早地发现幼儿在游戏中面临的问题，并及时进行介入指导，同时，教师在一旁观察幼儿建构物体，并不时用语言或者微笑、点头等非语言信号来表达对幼儿的关注，让幼儿感受到来自教师的支持与赞同，更加积极主动地投入游戏中。

（二）适时适当介入幼儿游戏进行指导

教师在对幼儿的结构游戏进行指导时，不能频繁介入，打断幼儿思路，影响幼儿游戏的专注力，所以，教师什么时间介入也就是介入的时机就显得尤为重要了。一般来说，教师可以在幼儿游戏出现困难时介入，比如说在搭建某一建筑物时，幼儿没有关注到积木之间的平衡关系而使建筑物倒塌，多次尝试仍未解决的情况下，教师可以选择介入指导，在介入指导时，教师可以运用语言提示等方法启发幼儿自己寻找问题解决的办法，而不是直接告知幼儿如何去做。另外，当游戏的秩序受到破坏时，教师应该立即介入游戏之中，比如幼儿之间出现了争抢结构材料或是幼儿破坏同伴的建构作品时，教师应上前制止幼儿的行为，介入时，教师要注意处理的方法及口吻，既不能过于严厉也要对幼儿起到震慑作用。需要指出的是，无论何时采取何种方式介入幼儿游戏，当幼儿的游戏又重新回到"正轨"时，教师应尽快地从幼儿游戏中退出，以便让幼儿重新控制游戏，按照自己的节奏掌握游戏进程。

对点案例

中班结构游戏案例《沙池里的河道工程师》

五、明确游戏常规，培养幼儿良好的行为习惯

游戏是幼儿自主自愿的活动，幼儿在游戏过程中享有充分的自主权，但这并不代表幼儿在游戏中可以不受规则与纪律的约束而随心所欲，且当前幼儿的道德认知发展尚处于他律道德阶段，需要成人的正确引导。所以，若要游戏顺利开展，并充分发挥其对幼儿的教育价值，就必然要向幼儿提出相应的游戏规则，并引导幼儿理解、遵守游戏规则，以促进其良好行为习惯的养成。

（一）培养幼儿坚持不懈的意志品质

在结构游戏中，构造出一个物体形象往往需要很多零散的结构元件，例如完成一幅拼图、用积木拼插出自己喜欢的物体，常常需要几十甚至上百个元件的组合，这对幼儿的注意力、坚持性、耐心等都是一个很大的考验。所以，教师在指导幼儿游戏时应注意对幼儿意志品质的培养。首先，教师要调动起幼儿参与结构游戏的积极性，幼儿只有对游戏产生浓厚兴趣时，才能保持高度集中，并坚持不懈地完成建构任务。其次，教师要用积极的态

度评价幼儿的建构过程,对幼儿的建构作品给予充分的肯定,只有这样幼儿才能从游戏中获得相应的成就感,体会到坚持不懈带来的积极情绪情感。

(二)培养幼儿爱护材料的良好习惯

结构材料是结构游戏的物质基础,教师应为幼儿提供数量丰富、种类多样的结构材料,为保证结构材料的循环重复使用,教师应引导幼儿在游戏过程中珍惜爱护游戏材料。游戏开始之前,教师应向幼儿提出明确的要求,例如,对待游戏材料应该轻拿轻放,不可随意抛扔;游戏中不能争抢破坏结构材料等。游戏开展过程中,教师应时刻观察幼儿对材料的利用情况,若有破坏、争抢材料的情况要及时制止,并对幼儿进行教育;对于表现良好的幼儿要给予表扬,为周围幼儿树立榜样,引起其他幼儿的积极模仿。同时,教师应提醒幼儿珍惜爱护劳动成果,不能破坏自己或其他幼儿的建构作品,久而久之,有利于幼儿爱护公物等良好行为习惯的养成。

(三)培养幼儿整理材料的自理能力

游戏结束后,结构材料的整理工作至关重要,这不仅是为下一次的结构游戏做准备,也是培养幼儿良好生活习惯的重要教育契机。所以,在材料整理环节,教师切不可包办代替,而应该针对不同年龄阶段的幼儿提出不同的要求,采取不同的指导办法,以促进其生活自理能力的发展及良好生活习惯的形成。对于小班幼儿,由于其动作、认知发展水平的限制,重点在于引导他们形成游戏后积极参与材料整理的意识,请幼儿和教师一起整理收纳材料,整理过程中以教师整理为主。中班幼儿已经具备了一定整理物品的能力,所以该阶段应该以幼儿整理为主,教师在需要时给予一定帮助即可。对于大班幼儿来说,应要求他们独立做好材料的整理工作,教师这时只是一个监督者的角色。

活动:对接幼教实践

请设计幼儿园不同年龄班(小班、中班、大班)的建构区游戏规则图,并展现在下方。

六、抓住教育契机，生成建构游戏

游戏是幼儿自主自愿的活动，只有尊重幼儿意愿，充分发挥幼儿主动性的游戏，才是真正的游戏。所以，在指导幼儿开展结构游戏的过程中，教师应全方位、多角度地看待幼儿在游戏中的自主权，在游戏中少一点预设，给幼儿最大限度的自由，根据幼儿的兴趣与需求生成结构游戏的主题与内容，并尝试在其他游戏、领域教学中抓住教育契机，生成结构游戏。

（一）根据幼儿的兴趣与需求生成结构游戏

在结构游戏中，如果是教师预设好的建构主题与内容，幼儿可能会出现对建构内容不感兴趣、建构过程积极性不高、坚持性较差等问题。所以，在日常活动中，教师应注意观察幼儿，发现幼儿的兴趣所在，根据其兴趣点生成结构游戏的主题与内容，并能提前准备好游戏过程中所需要的材料与工具，以保证结构游戏能够顺利开展。例如，教师通过日常观察发现幼儿在美术活动中喜欢画火箭、飞船等物体，在语言活动中也喜欢听火箭、飞船等相关的故事，因此，教师就可以将火箭、飞船等物体作为下次结构游戏的主题，引导幼儿按照自己的兴趣与经验进行建构。同时，在幼儿建构物体的过程中，教师也要关注幼儿兴趣的转移，并根据幼儿兴趣的变化，对所要开展的游戏活动进行灵活地调整，及时支持幼儿的探究活动。

活动：对接幼教实践

请结合我国传统节日，思考可能生成的结构游戏，并将结构游戏名称呈现在下方。

（二）在其他各类游戏中生成结构游戏

在创造性游戏中，结构游戏与角色游戏和表演游戏之间是密切联系的，所以结构游戏可以与其他游戏相互联系，生成新的游戏内容。角色游戏和表演游戏对于场景和道具是有一定要求的，在开展这两类游戏之前，教师可以引导幼儿先进行场景的布置与道具的制作，例如，用雪花片拼插猎人佩戴的枪、小红帽提的篮子；用大型积木搭建三只小猪的木房子，等等，这就自然而然地将结构游戏与其他游戏融合在了一起，既为结构游戏生成了新的内容，也丰富了其他游戏的物质材料。同时，在结构游戏的开展过程中，幼儿在建构某一物体时往往也会加入表演游戏中的一些故事和情节，例如，在建构城堡等建筑物时，面对教室"为什么要搭建城堡？"这一问题时，幼儿的回答常常是"我要为小公主盖一座城堡"

"城堡的外面还要种好多好多漂亮的花",等等。另外,体育游戏、智力游戏等游戏活动在开展过程中也会与结构游戏相互联系、相互渗透、相互生成。

> **活动：对接幼教实践**
>
> 　　请思考在角色游戏、表演游戏中可能生成的结构游戏,并在下方简单呈现角色游戏、表演游戏对应可以生成的结构游戏名称。

（三）在领域教学中生成结构游戏

　　游戏是幼儿的基本活动,除游戏活动外,领域教学活动也是幼儿园对幼儿进行全面发展教育的重要形式。所以,结构游戏可以与领域教学活动相联系,既可以从各领域教学活动中生成幼儿感兴趣的结构游戏内容,也可以通过领域教学活动为幼儿的结构游戏提供丰富的经验基础。例如,通过科学领域中的数学活动,幼儿获得了多少、长短、厚薄、粗细、宽窄等数量概念,空间知觉也得到了发展,这都为幼儿认识结构材料的性质、提高建构技能奠定了一定的经验基础;在语言领域活动中,幼儿通过故事赏析等活动,可逐渐培养起对故事中某一物体或事物的兴趣,之后可以自然而然地生成为幼儿结构游戏的主要内容;结构游戏作为一种艺术造型活动,和艺术领域的联系更加密切,幼儿可以将平时美术活动中绘画的平面内容利用积木、雪花片等材料直接转化为立体的形象,如将平时爱画的小动物、小房子用雪花片拼插出来。

> **活动：对接幼教实践**
>
> 　　请思考在领域教学中可以生成的结构游戏,并在下方简单呈现领域活动对应可以生成的结构游戏名称。

专家观点

如何推进幼儿建构水平的发展
上海市教育委员会教学研究室幼教教研员　徐则民

　　首先,提供充足的时间与空间是确保水平不断提升的根本。这个观点很容易理解,两个年龄相仿,智商与能力也接近的孩子在一起,其中一个玩了一次,而另一个则玩了十次,这两者间的水平一定会存在明显差异。对儿童而言：重复需要足够的时间;搭建过程越充分,儿

童追求作品精细化、复杂化、多样化的过程就越明显。一个儿童玩结构游戏的时间与其作品的成熟度一定成正比,倘若儿童能长期拥有充分的搭建过程,他一定"技压群雄"。

其次,适当提供材料是保障水平提升的物质基础。实践中,当大量的木质积木、乐高玩具、花片、胶粒插塑等材料摆在幼儿面前时,幼儿的建构游戏会自然产生——这是在告诉所有的教育者,我们不需要刻意去等待儿童的结构游戏什么时候会出现,我们只要提供适宜的材料,就能轻而易举地看到幼儿与材料互动的过程,而这样的过程或许就是我们期望看到的结构游戏。

最后,不间断地观察与评估以及试探性的回应能有效推进幼儿的持续发展。作为教师,花大量的时间看儿童的建构过程,精准地分析儿童建构行为后的各方面水平,并由此确定是否回应、如何回应,这应该就是所谓的"基于儿童发展的师幼互动"吧。

我的理解:请将你对"专家观点"的看法和感悟写在下方。

岗证赛课融通

一、对接幼儿园工作岗位

请结合所学知识,尝试制订一份幼儿结构游戏计划,并呈现在下方。

要求:

(1) 年龄段自选。

(2) 游戏计划包括游戏目标、游戏材料、游戏内容、指导建议等。

二、对接幼儿园教师资格证

1.(2023年上半年 综合素质)【单项选择题】在建构区,中班幼儿"东西"一直打不好拱形桥,不停地把积木推倒重来。对此,李老师恰当的做法是(　　)。

　　A."宝贝,我来帮助你!"

　　B."试试不同的积木,你一定行"

　　C."注意拱形桥的对称与平衡"

　　D."不搭拱形桥了,搭其他的吧!"

【答案】 B

2.(2022年下半年 综合素质)【单项选择题】区角活动时,军军故意撞坏玩具,黄老师批评他,他还做鬼脸,并顶撞黄老师,黄老师怎么做都无济于事,只好把他带出教室,并交给园长处理。黄老师的做法(　　)。

　　A.不正确,推卸了教师的责任

　　B.正确,教师有评价幼儿的义务

　　C.不正确,侵犯幼儿受教育权

　　D.正确,教师有批评教育幼儿的权利

【答案】 C

3.(2022年下半年 综合素质)【材料题】一天,刘老师组织区域活动时,小朋友们发现建构区新添了不少积木,十多个小朋友都涌进了建构区,兴高采烈地搭起了积木。

"喂,你踩到我的积木了。"超超说。"干吗呀? 你别挤我。"静静说。

这时,有的孩子开始争抢自己喜欢的积木,甚至扭打在一起。见此情景,刘老师立刻予以制止。

刘老师问:"你们觉得这么多人挤在一起,好玩吗?"

孩子们七嘴八舌地说:"不好玩! 太挤了,都撞疼我了。"

刘老师接着说:"那我们得想个办法呀!"超超说:"得互相谦让,就让我先玩会儿吧。""我也要先玩。"静静着急地说。

刘老师说:"互相谦让是别人先让自己,还是自己先让别人呀?"孩子们互相看看不吱声。静静说:"好吧,我先去美工区,下午再来玩。"刘老师马上说:"看,静静先让别人玩了,下午我们让静静先玩。"

这时,超超和几个小朋友也陆续去了别的游戏区。现在建构区还剩下9个小朋友,刘老师感觉还是多了,但没再吱声,她想让小朋友自己感受后再解决问题。

果然,没玩多久就有小朋友提出还是太挤了。"那么多少人一起玩合适呢?"刘老师继续引导孩子们,于是大家商定一个一个往外减人,直到感到合适为止。最后,大家一致认为五六个小朋友玩比较合适。

下班以后,别的老师都回家了,刘老师还在办公室回看在建构区拍摄的活动视频,分析幼儿在活动中的游戏行为与表现,并形成了观察报告。

问题:请结合材料,从教师职业道德的角度,评析刘老师的教育行为。(请将你的答案写在下方)

（空白框）

三、对接幼儿教育技能大赛

1.（2020年全国职业院校技能大赛（高职组）"学前教育专业教育技能"赛项赛卷）【幼儿教师职业素养测评——案例分析题】

阅读区里的搭建活动

案例材料：

今天，小班阅读区里有四个孩子在看书。过了一会儿，一个女孩拿了五六本一样大小的书排成一排，说："我要搭城墙。"旁边的两个男孩显然也感兴趣，专注地看了一会儿，开始给这个女孩递书，帮她一起搭。女孩说要一样大的书才行。两个男孩就反复比较，找到大小形状相同的书递给女孩。很快，一个"书墙"搭好了。男孩们很高兴，把它当成跨栏，在图书区里跳开了。他们三人玩得热火朝天。可阅读区还有一个孩子既想看书，又想看他们在玩什么，就一会儿伸头看他们搭架，一会儿又看看书。

【问题】 孩子们可以在阅读区里玩玩具吗？为什么？

2.（2021年全国职业院校技能大赛（高职组）"学前教育专业教育技能"赛项赛卷）【幼儿教师职业素养测评——案例分析题】

为什么会事与愿违

案例材料：

开学之初，我和孩子们共同为建筑区增添了许多"设备"：有用废旧盒子做的楼房，有果奶瓶做的小花，有用碎皱纹纸粘贴成的草地，还有孩子们从家带来的小汽车……我想，如此丰富的辅助材料一定能使孩子在建筑区的游戏又上一个新的台阶，一定会对孩子的游戏有很大的促进作用！然而事实与我想的却很不同。

孩子们确实玩得比以前更加热火朝天，但游戏的内容却有了很大的改变：孩子们忙着把汽车开到东开到西，忙着把小花小草摆满一地，忙着把现成的楼房摆在高低不同的积木上……但孩子们对搭建本身的兴趣却似乎减少了！

我走过去引导孩子们："我们能不能给汽车搭建停车场，修建宽阔的马路，让汽车跑得更快？"看到孩子们对我的提议并没有多大的兴趣，我亲自带领他们搭建马路、街心公园，孩子们在我的指挥和带动下高兴地玩着，一会儿工夫，我们的成果就初具规模了！然而10分钟后当我再次来到建筑区时，已经搭好的建筑群"一扫而光"！孩子们依然在快乐地玩着汽车，有的孩子干脆骑在大一点的积木上过着开车瘾！

面对眼前的景象，我不知该怎么办。到底是什么原因使得促进孩子建构能力发展这

一目标没有实现,出现事与愿违的情况呢?

　　【问题】请帮助案例中的教师答疑解惑。

学习评价

姓名：　　　　　　　　班级：　　　　　　　　日期：

评 价 标 准	自我评价 （达到打√， 未达到画○）	小组评价 （达到打√， 未达到画○）	教师评价 （达到打√， 未达到画○）
掌握幼儿结构游戏指导的基本内容			
运用所学知识,能够组织各年龄班幼儿开展结构游戏			

学习感悟

项目 5
民间传统幼儿游戏

　　党的二十大报告指出，"中华优秀传统文化源远流长、博大精深，是中华文明的智慧结晶。""我们必须坚定历史自信、文化自信，坚持古为今用、推陈出新。"民间传统幼儿游戏是我国传统文化的重要组成部分，具有传承性和鲜明的地方特色，且种类繁多、形式多样、趣味性强，蕴含着丰富的教育智慧，是幼儿园宝贵的教育资源。

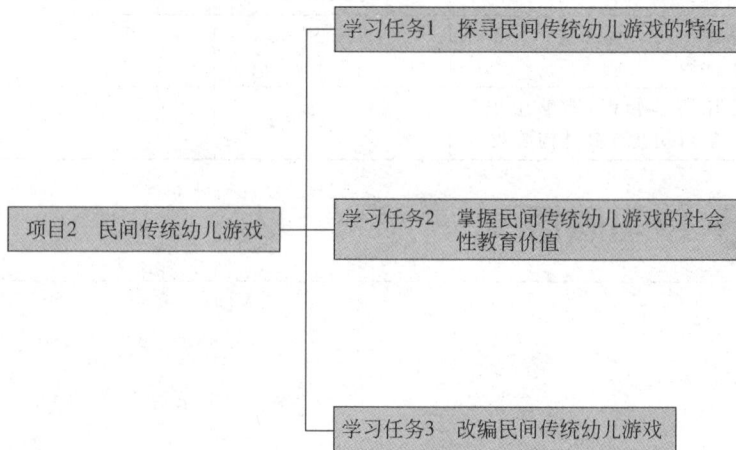

		学习任务1　探寻民间传统幼儿游戏的特征
项目2　民间传统幼儿游戏		学习任务2　掌握民间传统幼儿游戏的社会性教育价值
		学习任务3　改编民间传统幼儿游戏

学习任务 1　探寻民间传统幼儿游戏的特征

学习目标

1. 熟悉常见的民间传统幼儿游戏。
2. 了解民间传统幼儿游戏的特点。
3. 理解民间游戏与文化传承的关系。

情境导入

某幼儿园在"萌娃闹新春，欢喜迎新年"中班级部庆元旦活动中，设计了"套圈、投壶、踢毽子、抖空竹、摔宝、抽陀螺"等游戏（见图 5-1～图 5-5）。

图 5-1　套圈

图 5-2　投壶

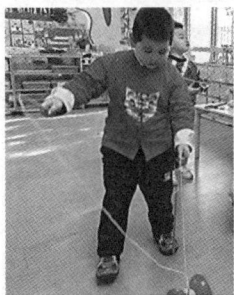

图 5-3　抖空竹

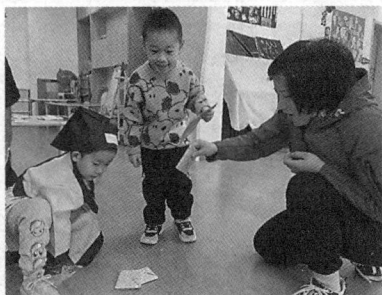

图 5-4　摔宝

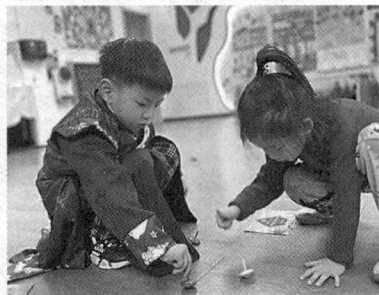

图 5-5　抽陀螺

思考：翻花绳的游戏有什么特点？你还知道哪些类似的游戏？以上这些游戏都属于什么游戏？这类游戏有哪些特点？

我的答案：

_____

_____

✦ 基础知识

民间游戏是一种代代相传、源远流长的游戏形式,往往是由不同地域的人民群众自己创编而成,它具有一定的规则、形式、内容,具有浓烈的生活气息和鲜明的地方特色,又可因时因地发展变化,虽具有竞技特征,但并不属于正式比赛项目的范畴,是一种以玩耍、娱乐为目的的游艺活动。民间游戏易学、易会、易传,深受广大人民群众尤其是儿童的喜爱。

我国地大物博、人口众多、历史文化传统悠久,虽然不同地域和民族的民间游戏形式和内容有所差异,但是作为民族民间文化的载体之一,民间游戏是人们愉悦精神、沟通思想、社会交际的体现,反映了不同地区人们的行为、思想和感情。民间传统幼儿游戏是民间游戏的主体,具有多样性与趣味性、生活性与地域性、文化性与传承性、简易性与便捷性等特点。

一、多样性与趣味性

民间传统幼儿游戏取材于民间,多反映当地百姓生活,内容丰富,种类多样。我国古代的《百子图》记录了儿童进行游戏的画面(见图 5-6),包括放风筝、弈棋、斗蛐蛐、蹴鞠、放鞭炮、舞狮、驯鸟、敲锣打鼓、捉迷藏、打陀螺、拉板车、拨浪鼓、骑竹马等几十种游戏。每个人搜寻童年记忆,也可以轻易地列出一串长长的名字:老鹰捉小鸡、跳大绳、跳皮筋儿、丢手帕……

图 5-6 [清]冷枚《百子图》

根据不同的研究和使用需要,按照不同的分类标准,民间传统幼儿游戏可分为不同的类型。按照民间游戏的教育功能可以分为民间益智游戏、民间美术游戏、民间体育游戏和民间说唱游戏。按照民间游戏的性质亦可分为传统玩具类游戏、娱乐徒手类游戏、经典童谣类游戏、趣味竞技类游戏。

活 动：对接已有经验

你曾经玩过哪些民间游戏，并尝试对它们进行分类。

民间传统幼儿游戏内容生动、具体，形式活泼、轻松，具有浓厚的趣味性。它常配有节奏明快、朗朗上口的童谣或儿歌，幼儿可以在欢乐的气氛中边玩边唱、嬉戏打闹，游戏过程轻松愉快，符合幼儿爱玩、好玩的天性。

二、生活性与地域性

民间传统幼儿游戏的内容来源于生活，具有浓厚的生活气息。人们会将日常生产劳动和生活情节，尊老爱幼、谦虚礼让等良好行为习惯融入游戏中，使游戏更贴近幼儿生活。幼儿在轻松有趣的游戏过程中丰富和拓展生活经验，熟悉日常生产生活方式，提升各方面的能力。如传统游戏"抬花轿"来源于我国传统婚嫁习俗，新娘由花轿抬到新郎家；"竹马"游戏来源于游牧民族骑马狩猎、骑马迁徙的生活场景；"荡秋千"来源于山地民族的采集野果、躲避野兽袭击等生活场景；重庆江津地区的"老鹰捉小鸡"游戏，老鹰会让母鸡做挑水、砍柴、做饭、扫地等动作，与农村儿童的生活紧密地联系在一起，而母鸡为了不让老鹰吃掉自己的孩子，认真地做着老鹰要求的事情，折射出中华民族伟大的母爱之情。

正因民间游戏具有生活性，所以常与当地风土民情有关，游戏中的儿歌童谣也常使用地方方言，具有鲜明的地域特色。我国幅员辽阔，民族众多，不同的文化和民俗衍生出不同的民间游戏，反映了当地人民对生活和社会的认识以及当地的生活方式和风俗习惯。如蒙古族儿童传统游戏"儿童三艺"（赛马、摔跤、射箭）都与放牧有关，反映了蒙古族当地的生活方式。再如"老鹰捉小鸡"游戏，虽然各地都有类似的游戏，但玩法却不尽相同。如湘西的民间童谣游戏"羊子摆尾"与"老鹰抓小鸡"玩法相似，但"羊子摆尾"采用了放羊人和老虎之间的问答来起兴游戏，源自湘西民间故事"五哥放羊"，表现了五哥与老虎之间的勇敢对抗。晋西的吕梁地区也有类似的游戏"黄鼬抓鸡"，反映了当地养鸡的山民都会经历的黄鼠狼吃鸡的生活内容。

对点案例

民间传统幼儿游戏：挤油渣

游戏玩法： 寒冷的冬天，几个幼儿靠墙而立，用肩部的力量向中间挤，被挤出的人向旁边去，再向中间挤，如此反复进行。

如果让幼儿边念儿歌边做游戏，更能增添情趣，并培养协作精神。

三、文化性与传承性

　　民间游戏是一种文化现象,它普遍存在于世界各民族和各文化中,民间游戏的数量、类型和复杂性与一个社会的文化发展水平有关,也标志着该社会文化繁荣的程度。作为一种文化现象,民间游戏在不同时期、不同民族、不同地域有不同的表现和功能,游戏中的细节都带有文化的痕迹,是特定文化的表现。我国民间游戏丰富多彩,有着悠久的历史和丰富的文化意蕴,是我国优秀民间文化的重要组成部分。

　　民间游戏的传承代表着文化的传承。民间传统幼儿游戏经久不衰,往往是通过一代又一代人口耳相传、亲身示教的方式继承下来并不断发展的(见图5-7)。幼儿游戏的过程就是接触并了解其所在地区的文化背景的过程,幼儿在模仿现实生活中的事物和人物的行为及习俗的过程中建立起文化认同感,在游戏竞技中产生群体凝聚力,形成集体荣誉感和自强不息的精神,形成并延续着中华民族的精神力量。正如湖南师范大学曹中平所言,"在一定意义上,幼儿园引进传统民间游戏,就是在延续儿童文化,同时创造幼儿园文化。"

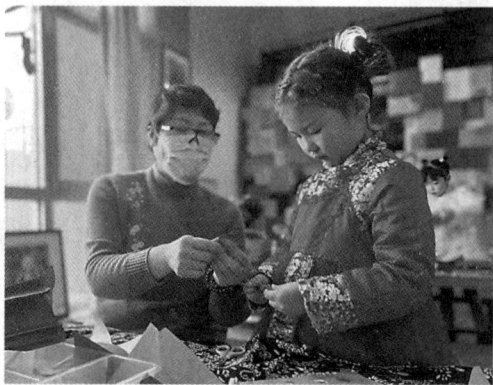

图 5-7　幼儿体验民间传统游戏:折纸

四、简易性与便捷性

　　民间传统幼儿游戏简单易行,材料需求度相对较低。有的不需要游戏材料,可以徒手进行,如捉迷藏、老鹰捉小鸡、网小鱼、贴烧饼及大部分童谣类游戏,有的只需要十分简单的材料,如翻花绳游戏只需借助一根两头打结的绳子,抓石子游戏只需五个小石头,丢手绢只需要一张手帕,等等。因此生活中的常见物品或随手可得的东西就可以满足游戏的需要。

　　除游戏材料取用方便之外,民间传统幼儿游戏对于时间、空间、人数等条件的限制程度也不高。幼儿既可以在大块的时间内进行"砸沙包"等大型户外游戏,也可以在来园离园、饭前饭后等零散的时间随时开展"翻花绳"等小型游戏;既可以一个幼儿单独玩,也可以几个幼儿或者集体一起玩,如一人可以玩"踢毽子""滚铁环"游戏,两人拉手可以做"拉大锯""炒黄豆"游戏,三人可以一起玩"骑马""坐轿"游戏,多人可以一起玩"跳皮筋""丢手绢"游戏,形式灵活随意,随时随地可以进行。

活动：对接幼教实践

　　查阅资料，总结生活中常见的材料可以开展哪些民间传统幼儿游戏。

📜 专家观点

如何看待儿童游戏中传统与现代的关系

利津县第二实验幼儿园园长　赵兰会

　　我们在继承发扬儿童传统游戏玩法和意义的基础上，融入现代教育思想，秉持"传统的东西也要体现时代脉搏"的观点，对儿童传统游戏进行大胆的改编与创新，赋予其新的教育内涵，使其在当代儿童身上展现出特有的教育价值。我们的改变创新主要体现在三个方面。

　　一是游戏材料的创新，我们坚持"办低成本、高质量学前教育"的办园理念，在游戏材料上注重当地自然乡土、废旧材料的合理利用，努力做到"就地取材、变废为宝、一物多用"。最近，我们又在材料的美观与安全方面着力研究。同时，材料的系统创新丰富了游戏的玩法，幼儿探究的欲望在变化的材料中不断增强，真正地做到了让幼儿在开心玩耍中开窍，在游戏交流中启智，使得儿童传统游戏更具现实生命力。

　　二是游戏玩法的创新。幼儿的潜力是无穷的，只有想不到，没有做不到，幼儿的潜力像空气，空间有多大，潜力就有多大，孩子们不断挑战极限，勇攀新高。在游戏玩法创新的过程中，充分体现了预设与生成的相互交融，很多玩法是教师和幼儿在游戏的过程中，靠灵感和热情挖掘出来的。儿童是游戏的高手和专家。

　　三是游戏场地布置的创新。我们尝试着通过对场地进行创意性的布置，来增强传统游戏的吸引力和教育价值。

　　我们希望通过创新让老游戏玩出新精彩，儿童传统游戏让幼儿找回了真正属于他们的童年。对儿童传统游戏的挖掘与创新，守护我们的精神家园，传承民族文化的血脉、坚守民族文化的自信是我们义不容辞的责任。中国梦就是实现中国传统文化的伟大复兴，民间传统游戏是传统文化中的一朵奇葩！

　　我的理解：请将你对"专家观点"的看法和感悟写在下方。

岗证赛课融通

一、对接幼儿园工作岗位

活动：走进幼教实践

请走进幼儿园，观察并记录幼儿园的民间传统游戏，并将观察记录呈现在下方。

二、对接幼儿园教师资格证

（2021 年上半年　综合素质）**【单项选择题】**中国古代儿童玩具千姿百态，蕴含着深厚的文化底蕴和灿烂的民族智慧之光。下列选项中，不属于中国古代儿童玩具的是（　　）。

　　A. 七巧板　　　　　B. 九连环　　　　　C. 魔方　　　　　　　D. 陀螺

【答案】 C

三、对接幼儿教育技能大赛

请结合本学习任务的内容，至少设计一道幼儿教育技能大赛赛题，并将设计的赛题呈现在下方。

✐ 学习评价

姓名：　　　　　　　班级：　　　　　　　日期：

评价标准	自我评价 （达到打√， 未达到画○）	小组评价 （达到打√， 未达到画○）	教师评价 （达到打√， 未达到画○）
熟悉常见的民间传统幼儿游戏			
能够与幼儿家长沟通民间传统幼儿游戏的特点			
能够理解民间游戏与文化传承的关系			

🍁 学习感悟

学习任务 2　掌握民间传统幼儿游戏的社会性教育价值

学习目标

1. 理解民间传统幼儿游戏的社会性教育价值。
2. 能够运用所学知识，分析某一具体民间传统幼儿游戏的社会性教育价值。
3. 感受民间传统幼儿游戏的文化魅力。

情境导入

随着科技的发展，以电子游戏为特色的现代游戏逐渐走入了幼儿的生活。手机、计算机、网络媒体的普及，让很多幼儿沉迷于电子游戏，对传统民间游戏可能已经很陌生了，有些孩子甚至没听说过传统游戏。

思考：电子游戏真的可以代替民间传统游戏吗？民间传统幼儿游戏对幼儿的发展是否有价值呢？

我的答案：

_____

_____

基础知识

民间传统幼儿游戏是经过实践检验、世代相传的人类智慧载体，是对中华传统文化的传承与发展，也是适合幼儿年龄特点、助力幼儿成长与发展的重要方式。与其他类型的游戏一样，民间传统幼儿游戏在促进幼儿动作、语言、认知、情感、个性等方面的发展上具有重要的作用，但民间传统幼儿游戏的核心内涵及深远的历史性与浓郁的地域性等特征又为其赋予了独特的社会性教育价值，主要体现在帮助幼儿了解民族传统文化、提升对传统文化的认同感和责任感；促进幼儿良好的同伴关系和集体意识的形成；帮助幼儿学会遵守社会行为规范。具体如下。

一、有助于幼儿了解民族传统文化、提升对传统文化的认同感和责任感

民间传统幼儿游戏作为一种文化符号，反映了一个地区、一段时期人们的生活常态和民俗风尚，反映着周围现实生活，记录着当地历史文化，是本民族文化的再现和演绎，如秋分竖蛋（见图 5-8）。幼儿在游戏过程中通过吟唱传统的民间歌谣、体验特色的风俗行为，

潜移默化地认识周围人们的劳动、生活和道德面貌,感受民族文化的无穷魅力和源远流长,体会中华文化的博大精深,萌发对本民族文化的自豪感,增强民族自尊心和自信心。

图 5-8　民间传统游戏:秋分竖蛋

活动:对接幼教实践

　　查阅资料,请收集与以下传统节日有关的民间游戏。

　　春节:

　　元宵节:

　　清明节:

　　端午节:

　　七夕节:

　　中秋节:

　　重阳节:

二、有助于促进幼儿良好的同伴关系和集体意识的形成

民间传统幼儿游戏作为一种简单的娱乐性、社会性活动,可以帮助幼儿与周围的人和事建立各种各样的社会关系,提升幼儿的社会交往能力。民间传统幼儿游戏大多是同伴合作的游戏,幼儿在游戏的愉悦气氛中拉近彼此之间的距离,增进彼此友谊。游戏过程中,为了游戏的顺利进行,幼儿必须学会控制自己的情绪,提高交往的技能技巧,自觉履行集体认同的规则和要求,与他人建立良好的同伴关系,开展交流和合作。如"抬花轿"游戏中,"轿夫们"只有步调一致,紧紧抓住对方的手腕,才能保证"新娘"不会掉下来。而在拔河、赛龙舟等游戏中,为了取得游戏的胜利,还需要幼儿有高度的集体意识,相互依赖、相互支持、相互团结,在集体的智慧下解决问题,从而萌生集体荣誉感,真正领会集体的意义。

对点案例

老鹰捉小鸡

起源:旧日,乡民们大都养鸡。而鸡的繁殖,又大都靠家中的老母鸡抱窝孵化。春三月,村头巷尾,一只只老母鸡踱着方步,"咕咕咕"领着一群群小鸡游逛觅食,为整个村庄增添了无穷的生机和乐趣。然而,看似闲庭信步的老母鸡,其肩上的担子并不轻松。它除了要教会小鸡觅食外,还须时时防范天敌对自己儿女的侵袭。小鸡的天敌,除一些调教不到位的家猫外,主要有两个。大白天,是老鹰,它常在空中盘旋,一有机会,便俯冲下来,扑向鸡群,迅速抓一小鸡冲天而去。一旦空中出现老鹰,机警的老母鸡便会发出惊恐的咕咕声,小鸡们闻声便迅速围拢过来,钻到老母鸡翅膀下躲避。"老鹰捉小鸡"的游戏和名称,大约自此而来。而到夜晚,小鸡最大的敌人是黄鼬。

玩法:这个游戏,无论男孩女孩都可以玩,少则五六人,多则十几人,甚至一个班的孩子都可以参与进来。玩游戏时,先确定一个孩子扮老鹰,再选一个孩子来扮母鸡。小鸡要一个拽一个的后衣襟,排在母鸡身后一长串。这游戏的规则是,扮老鹰的孩子要突破母鸡的防线,冲进小鸡群中,并成功地将其中一只抓住,从队列中分离出来,再由被抓的小鸡来扮演老鹰,游戏重新开始。

三、有利于引导幼儿遵守社会行为规范

民间传统幼儿游戏将传统文化与幼儿的现实生活相关联,是引导幼儿遵守社会行为规范、发展良好社会行为的重要渠道。

民间传统幼儿游戏中大多带有约定俗成的游戏规则,如游戏"炒黄豆",两名幼儿面对面"手拉手"一起说"炒、炒、炒黄豆,炒好黄豆翻过来"的儿歌,念到"翻过来"的时候两个人才能一起翻跟头。幼儿在游戏中必须遵守统一的规则,才能使游戏顺利进行下去,享受游戏带来的快乐。幼儿在重复性的玩耍过程中,会自觉地将这些社会规则"印"入脑中且不断巩固强化。这种游戏规则实则是人类共同生活与活动的一种基本准则,接受、遵守游戏规则是幼儿接触社会、认识社会规则的第一步。基于游戏中形成的规则意识,幼儿会形成对现实生活中的社会行为规范的主动遵守意识,学会约束自己的行为。

对点案例

丢 手 绢

起源：丢手绢起源于公元 1243 年左右，由黎族人民所创，后来由黄道婆带到了上海，并很快传到中原地区。手绢也叫手帕，是随身携带的方形小块织物，用来擦汗或擦鼻涕等，由头巾演化而来，现在正被纸巾替代。20 世纪七八十年代，手绢是每个少年的必备品。在孩子的袖口或者肩上，母亲总会别一块手绢，粗布做的，方方的。

玩法：游戏开始前，大家利用"石头剪刀布"或其他的方法推选出一个丢手绢的小朋友，其余的人围成一个大圆圈蹲下。游戏开始，大家一起唱起《丢手绢》歌谣，被推选为丢手绢的人沿着圆圈外行走或奔跑。在歌谣唱完之前，丢手绢的人要不知不觉地将手绢丢在其中一人的身后。被丢了手绢的人要迅速发现自己身后的手绢，然后迅速起身追逐丢手绢的人，丢手绢的人沿着圆圈奔跑，跑到被丢手绢人的位置时蹲下，如被抓住，则要表演一个节目，可表演跳舞、讲故事等。如果被丢手绢的人在歌谣唱完后仍未发现身后的手绢，而让丢手绢的人转了一圈后抓住的，就要做下一轮丢手绢的人，他的位置则由刚才丢手绢的人代替。

专家观点

游戏精神失落呼唤传统民间游戏

湖南师范大学　曹中平

民间游戏是人类朴素的智慧，也是人类文化的"基因"。

民间游戏积聚了先辈的智慧，是先辈留给后人宝贵的精神遗产。

民间游戏是现代游戏的源头，是幼儿园游戏与课程创造的智慧资源。

对于幼儿园，传统民间游戏意味着什么？大多数人都会认同，传统民间游戏是幼儿园不可或缺的文化资源。传统民间游戏蕴藏着丰富的教育智慧。这种源于民间的教育智慧经受了时间的检验，凝结为一种潜在的教育机制，是儿童文化与教育生态的天然支柱。

我的理解：请将你对"专家观点"的看法和感悟写在下方。

岗证赛课融通

一、对接幼儿园工作岗位

结合所学知识,选取你感兴趣的某一民间传统幼儿游戏,试分析其对幼儿的社会性教育价值。

二、对接幼儿园教师资格证

请结合本学习任务的内容,至少设计一道幼儿园教师资格证试题,并将设计的赛题呈现在下方。

三、对接幼儿教育技能大赛

请结合本学习任务的内容,至少设计一道幼儿教育技能大赛赛题,并将设计的赛题呈现在下方。

✎ 学习评价

姓名：　　　　　　　班级：　　　　　　　日期：

评 价 标 准	自我评价 （达到打√， 未达到画○）	小组评价 （达到打√， 未达到画○）	教师评价 （达到打√， 未达到画○）
能理解民间传统幼儿游戏的社会性教育价值			
能运用所学知识，分析某一具体民间传统幼儿游戏的社会性教育价值			

🍁 学习感悟

学习任务 3 改编民间传统幼儿游戏

学习目标

1. 了解民间传统幼儿游戏改编遵循的基本原则。
2. 理解民间传统幼儿游戏改编的主要内容。
3. 运用所学知识,能够用科学的方法改编和创新民间传统幼儿游戏。

情境导入

某中班教师在组织幼儿玩沙包时,引导幼儿尝试了沙包的多种玩法,如夹、背、顶、抛接等,并进行了沙包综合游戏《士兵突击》,组织幼儿借助沙包的多种玩法,去通过障碍,如独木桥、山洞、水坑、高墙等。

思考:该幼儿教师为什么会尝试沙包的不同玩法? 我们在改编传统幼儿游戏时,需要注意哪些问题?

我的答案:

_____

_____

_____

基础知识

我国的民间传统幼儿游戏犹如满天繁星,绚烂多彩,是经过一代又一代人的传承与创新积淀下来的文化财富,具有浓厚的文化底蕴,是我国传统文化的重要组成部分,且民间传统幼儿游戏种类繁多,形式各异,对幼儿的个体发展和成长,尤其是社会性发展具有深厚的教育价值。但随着社会的发展,一部分民间传统幼儿游戏受到时代和地方的局限,出现了或多或少的问题,例如,游戏内容不够活泼健康、游戏方式存在安全隐患、游戏主题脱离幼儿生活经验等。面对这些问题,需要我们思考,是否所有的民间传统幼儿游戏都可以成为幼儿教育的资源呢? 我们如何解决民间传统幼儿游戏中存在的弊病而为我所用呢? 这些问题的根本解决之道即在于对民间传统幼儿游戏进行改编与创新,也就是在原有游戏的基础上为其注入新的活力,对其进行创新,使其焕发出新的生机,真正做到批判继承、古为今用。

一、民间传统幼儿游戏改编的原则

(一)科学性原则

科学性原则是指在改编民间传统幼儿游戏时,为幼儿选择的传统游戏必须是符合科

学发展方向的,设计的游戏玩法必须符合科学规律和幼儿的认知发展特点。幼儿园阶段的教育是启蒙教育,因此,教师必须要重视游戏内容和游戏方式的科学化。

由于时代局限性,历代劳动人民在创编民间传统游戏时,可能更多地关注游戏的趣味性,对游戏的教育性思考不够,且不同时代的教育目标差异性较大,有些民间传统幼儿游戏的内容在传统社会中具有较大的教育价值,但在现代社会中却不尽然,甚至可能对幼儿的发展产生消极影响。例如,有些民间传统幼儿游戏的内容可能会涉及封建文化、暴力诱导等情节,有些民间传统幼儿游戏的方式可能安全性不足会对幼儿造成伤害等,这些游戏不仅没有教育价值,反而会对幼儿身心发展造成伤害,所以,我们在改编传统幼儿游戏的过程中,应科学筛选,剔除一些不符合时代背景、不符合时代发展需要的游戏内容,选择积极的、健康向上的游戏内容,以实现利用民间传统幼儿游戏促进幼儿学习、成长的目标。

对点案例

元旦到来之际,某幼儿园举行"玩转民间游戏迎新年"元旦庙会活动。庙会活动现场热闹非凡,有舞龙舞狮、玩皮影、捏泥人、做灯笼、写福字、剪窗花、套福娃、蒙眼敲鼓、制作心愿卡、布老虎等民俗游戏。

(二)适宜性原则

适宜性原则是指在改编民间传统幼儿游戏时,要考虑幼儿年龄发展的适宜性和个体发展的适宜性。在组织和开展民间游戏时,分析不同年龄阶段幼儿的身心发展特点,进而制定适合各年龄阶段幼儿的民间游戏实施的支持策略。

对点案例

不同年龄段幼儿玩沙包的方法

1. 踢沙包

大班:将沙包轻轻抛起,单脚踢沙包(可连续或单个踢)。

中班:将沙包置于脚面,用力将沙包踢起。

小班:用绳子系好沙包一角,幼儿手拿绳子,单脚踢沙包。

2. 抛接沙包

大班:幼儿结伴或小组抛接沙包,一名幼儿抛,其他幼儿争接沙包。

中班:幼儿单独向上抛、接沙包,也可两两结对近距离抛接沙包。

小班:幼儿围成一圈,教师在圈中间,依次把沙包抛给幼儿(建议沙包略大,便于幼儿接住)。

3. 顶沙包

大班:可将沙包顶头上、肩膀上或弯腰将沙包驮在背上,走过障碍物。

中班:幼儿头顶沙包,在平地上快走或走上平衡木。

小班：将大沙包置于头顶，在平地上漫步。

4. 夹包跳

大班：双脚夹住沙包行进跳或双膝夹住沙包原地向上跳。

中班：双脚夹住沙包原地跳或向前跳。

小班：双脚夹住沙包原地向上跳。

（三）趣味性原则

趣味性原则是指在改编民间传统幼儿游戏时，一定要充分考虑幼儿的主体地位，结合传统游戏自身的特点，使游戏的改编符合幼儿的需要，能激发、调动起幼儿积极参与、投入游戏的兴趣。教师一方面可筛选一些趣味性强的民间传统幼儿游戏进入幼儿园；另一方面可在改编过程中，将游戏与其他游戏相组合，可通过与童谣结合或改变游戏的规则、更换游戏的材料等方式来增加和丰富民间游戏的趣味性。

对点案例

好玩的绳子

1. 跳进去跳出来

两个幼儿分别拉住绳的两端摇动绳子，其余幼儿依次从绳中跳进跳出，先跳完一组为胜。

2. 踩绳竞跳

幼儿双脚踩着绳子，双手紧拿绳头向前跳，绕过障碍物跳回，另一名幼儿开始，先跳完一组为胜。

3. 钻山洞

若干幼儿两两拉绳作为山洞，其余幼儿依次钻过山洞，与拉绳幼儿换位玩。先钻完一组为胜。

4. 网小鱼

两名幼儿分别拉着一根绳子的两头，跑去围住其他幼儿，先围完的一组为胜。

（四）发展性原则

发展性原则是指在进行民间传统幼儿游戏改编时，要求其内容、方法等随着科学与人的发展而不断发展和完善，同时要求民间传统幼儿游戏要能够促进幼儿的全面发展。随着社会的发展，一些传统民间幼儿游戏已经不能提升幼儿参与游戏的积极性了，更不能很好地适应现代社会发展的要求，所以，改编民间传统幼儿游戏时，应彰显出现代生活特色，体现时代发展要求，使民间传统幼儿游戏更加适应幼儿生活实际需要，能更好地引导幼儿，促进幼儿全面和谐发展。

具体来说，发展性原则主要表现在三个方面：一是要关注当下社会生活中出现的新事物、新情况,扩充符合时代潮流的新的游戏内容,以体现时代发展要求;二是要不断赋予民间传统幼儿游戏新的内容和形式,使民间游戏更加满足现代幼儿的需求和适应幼儿生活实际和发展水平;三是民间传统幼儿游戏的改编要能促进幼儿的全面发展。

对点案例

炒 豆 豆

游戏玩法:两人相对而立,手牵手,边念儿歌,边有节奏地向左右协调摆手。儿歌念到最后一句时,两人举起一侧的手臂来共同钻过翻转身体 180 度,还原姿势,游戏反复进行。

评价:该游戏可以促进幼儿动作的发展,还可以促进幼儿之间的合作。

二、民间传统幼儿游戏改编的主要内容

（一）优化民间传统幼儿游戏场地

民间传统幼儿游戏的场地通常比较简单随意,幼儿往往就地而戏,所以高低不平的石子路、坑坑洼洼的黄泥地都是开展民间传统幼儿游戏的首选场地。但随着社会现代化的飞速发展,代表幼年记忆的石板路、黄泥地已渐渐从人们的记忆中远去,取而代之的是林立的高楼大厦、宽阔的柏油马路。同样地,现在的幼儿园也都铺上了塑胶地、木地板、草坪……这为幼儿提供了更安全、更卫生、更现代化的游戏环境和场地。在这样优化的场地上开展民间游戏,幼儿可以玩得更尽兴,也会有更多不同的体验和收获,比如"滚铁环""推小车"等游戏,可以在平坦的塑胶地上先进行练习,之后再到各种不同材质的路面上进行游戏,既增加了游戏趣味性和挑战性,又体验了在各种路面上游戏的不同感受,同时在不同材质的路面上游戏所获得的各方面能力发展也不尽相同。教师可结合幼儿的年龄特点、发展水平和个体差异为幼儿选择不同的游戏场地,这既能激发幼儿游戏的兴趣,又做到注重个体差异,因材施教。

（二）调整民间传统幼儿游戏材料

民间传统幼儿游戏使用的材料往往是就地选材,一根绳子、一片树叶、一块石子、一根鸡毛都可以成为幼儿游戏依托的材料。但是,随着社会现代化进程的推进,民间传统幼儿游戏中常用的秸秆、鸡毛、稻草已难以轻松获得,所以,为保证民间传统幼儿游戏的顺利开展,教师要因时制宜,根据实际资源和条件,对游戏所用的材料进行适当调整。在"跳房子"游戏中,以往只要用石子在泥地上画出"房子",然后从路边挑选一块合适的石块或瓦砾,就可以开始游戏了。但是,如今幼儿园更多的是塑胶地、木地板,石子和瓦砾不容易找到,只有改变游戏的材料,游戏才能正常开展。所以,可以直接将"房子"喷绘在塑胶操场、走廊过道等,或是在游戏前由幼儿合作用呼啦圈、绳子等材料拼搭出"房子"。然后,从身边的游戏材料中选择积木、积塑、瓶盖等随手可取的、幼儿喜欢的材料代替石子、瓦砾进行游戏。这样既方便取材,又随处可玩,不同材质的材料还可以给幼儿带来不一样的游戏体验,调动幼儿参与民间传统游戏的兴趣,进而从游戏中获得提升。

　　另外,当今社会物质发展极度丰富,游戏材料的色彩、形式、逼真程度远远超过传统材料,对幼儿的吸引力也就远远大于传统材料,所以在选择游戏材料时,教师要将传统材料与现代材料相结合,使幼儿自主选择感兴趣的材料类型。例如,"玩泥巴"游戏中,我们既可以为幼儿提供自然物泥土这种材料,也可以为幼儿提供一些五颜六色的橡皮泥、太空泥等来代替泥土,供幼儿选择。

活动：对接幼教实践

踩 高 跷

　　游戏玩法：两只脚踩在高跷上,两手分别抓住固定在高跷上的绳子,双脚交替往前走。

　　在玩民间传统游戏踩高跷时,我们发现,传统的高跷对于幼儿来说难度较大,存在一定不安全因素。那么,我们可以用哪些材料来代替传统的高跷呢?

　　请想一想,并动手制作,并将图片呈现在下方。

（三）创新民间传统幼儿游戏玩法

　　在古代传统社会,生产力发展水平低下,幼儿的生活与娱乐方式单一,即使十分简单的游戏对于幼儿来说仍具很大吸引力,随着现代社会的发展,幼儿的玩具和娱乐方式都有了极大的丰富,幼儿所见、所闻、所玩之物日愈新奇、多样,所以民间传统幼儿游戏在幼儿心中的地位不可避免地出现了动摇,对幼儿的吸引力日趋降低。这就需要我们利用创新思维,不断更新、改变民间传统幼儿游戏的玩法,使民间传统幼儿游戏更具趣味性,更符合现代幼儿的发展需求。

　　一方面,我们可以利用组合法来创新、改变传统游戏的玩法,也就是将两个或两个以上的游戏,通过组合或重组设计出一个新的游戏,使原本相对单调的游戏变得更加生动有趣。例如,我们可以将"木头人"和"揪尾巴"两个游戏进行组合开展,如果单独地玩"木头人"或者"揪尾巴"游戏,随着所玩次数的增加,幼儿对游戏的兴趣可能会逐渐减少,通过两种游戏的组合,这样不仅丰富了游戏的内容,创新了游戏的形式,也对幼儿提出了更高的游戏要求和挑战,激发幼儿参与游戏的积极性。另一方面,教师要充分发挥幼儿的主观能动性,锻炼幼儿的发散思维,引导幼儿利用头脑风暴,想象并创编出同一游戏的不同玩法。

例如"跳房子"游戏,教师可以引导幼儿结合生活经验,畅所欲言,找出尽可能多的玩法,可以是单脚跳、双脚跳,也可以夹着小垫子跳、顶着沙包跳,还可以是分组接力跳,等等,这一方法不仅创新了传统游戏的玩法,也使幼儿真正参与到了游戏中。

活动:创新民间传统幼儿游戏玩法大挑战

　　结合所学知识,请说出可以创新的民间传统幼儿游戏玩法,并在班级中进行大比拼,看看哪位同学在规定的时间内想出的玩法最多。

(四) 制定民间传统幼儿游戏新规则

　　游戏规则对游戏者在游戏中的行为顺序和被允许或被禁止的各种行为进行了规定,主要包括显性规则与隐性规则两部分。显性规则多是对幼儿游戏中行为规范的明文规定,是幼儿必须要遵守的,事关游戏的顺利开展与游戏的有序进行;隐性规则往往是对游戏玩法的规定,是约定俗成、不必明说的规则,对幼儿游戏行为同样具有约束作用。游戏规则作为民间传统幼儿游戏不可或缺的重要元素,在游戏开展过程中,教师除了要引导幼儿严格遵守其原有的、合理的规则外,还应结合社会的发展现状及对幼儿的发展要求,制定新的规则。

　　按照现如今的要求与标准,我们发现,一些民间传统幼儿游戏的规则存在安全性问题,例如,对抗性、竞争性很强的"撞拐"等游戏,或者是对于动作的协调性及配合度要求较高的"编花篮""两人三足"等游戏,这些游戏对于自我保护能力较差、运动发展水平较低的幼儿来说存在较大的安全隐患,很容易出现伤害幼儿身体健康的情况,所以我们应该在深入分析游戏规则合理性的基础上,视游戏的实际情况,对民间传统幼儿游戏的规则进行有针对性的调整,也可以与幼儿共同讨论,制定出新的游戏规则,让幼儿在快乐游戏的同时,也能获得更多的安全保障。例如在"丢沙包"游戏中,我们可以将原有规则调整为"只能向小伙伴的腰部以下位置投掷沙包,投到同伴胸部、脸部的将停止游戏一次",这一规定可以减少幼儿被砸中头部、脸部、胸部等重要身体器官的危险,使游戏更加安全。同时,我们还应提倡在游戏中发挥幼儿的自主性,鼓励幼儿自主创新游戏规则,同伴共同建立游戏规则,发展幼儿的规则意识。

活动：民间传统幼儿游戏新规则

　　请选择一种民间传统幼儿游戏，为其设计新规则，并将新规则呈现在下方。

（五）改编民间传统幼儿游戏中的童谣

　　童谣往往是与民间传统幼儿游戏融合在一起的。童谣朗朗上口、节奏明快，且词中包含着人、事物、情节等内容，这些都会呈现在幼儿的想象之中，这种想象能够为幼儿的游戏提供情境支持。童谣在民间传统幼儿游戏中具有重要价值，有些童谣以口诀的形式呈现，便于幼儿记忆动作、熟练规则；有些童谣的内容是为了让幼儿更好地掌握游戏节奏以及学会控制游戏时间，如游戏"丢手绢"，幼儿在唱童谣的同时对游戏的动作和时间进行控制，幼儿唱到哪一句就表现出与之相应的动作，如唱到"快点快点抓住他"时，幼儿就要去追逐抓到丢手绢的同伴。总之，幼儿边念唱童谣边游戏，不仅使游戏过程变得更为愉悦、轻松，也能提升幼儿的游戏水平。但民间传统幼儿游戏中的童谣也存在着篇幅过长、不易被记住，内容脱离幼儿生活实际，封建色彩浓厚等问题，大大降低了其在游戏中的作用，所以我们应对其进行相应的改编。例如在游戏"拉大锯"中，有这样的童谣："拉大锯，扯大锯，锯木头，盖房子。姥姥家，唱大戏，接姑娘，请女婿，小外甥，你也去。"这些内容不贴近幼儿的生活，不便于幼儿理解，因此可以将其改编成"拉大锯，扯大锯，我们一起游戏去，你一句，我一句，合在一起似戏剧"。

活动：改编民间传统幼儿游戏中的童谣

　　请选择一种民间传统幼儿游戏，为其改编童谣，并将新童谣呈现在下方。

专家观点

民间游戏的创新价值及在幼儿园中的运用

湖南师范大学　曹中平

民间游戏的创造性运用是传统文化的现代化转换的重要组成部分。学前教育要担负起传统文化的创造性转换的历史重任,积极主动地融入文化传承的时代洪流之中。

民间游戏资源的创新运用绝不是在幼儿园教育中简单地引进民间游戏,而是充分理解民间游戏的精髓,并且运用民间游戏中蕴含的教育智慧进行教育创新,勇敢地发现问题并且创造性地解决问题。

民间游戏的现代转换:激活民间游戏的自我更新机制。

(1)读懂传统民间游戏的"民间语言":从自然生态与文化生态的变迁过程,解读传统民间游戏的"前世今生"(源头与现状)、形态演变(玩法与玩具)与时代特征以及其中的创意语言(寓意与意象、科技智慧与艺术审美)。

(2)探寻传统民间游戏"现代化"的路径:季节化(自然气候与传统节日)、领域化(主题与领域)、区域化(天然区域与人工区域)、模块化(族类模块与功能模块)。

我的理解:请将你对"专家观点"的看法和感悟写在下方。

岗证赛课融通

一、对接幼儿园工作岗位

请选择本地域的一个民间传统幼儿游戏,尝试通过所学的五种改编方式,对其进行改编。

二、对接幼儿园教师资格证

请结合本学习任务的内容,至少设计一道幼儿园教师资格证试题,并将设计的赛题呈现在下方。

三、对接幼儿教育技能大赛

请结合本学习任务的内容,至少设计一道幼儿教育技能大赛赛题,并将设计的赛题呈现在下方。

📝 学习评价

姓名：　　　　　　班级：　　　　　　日期：

评 价 标 准	自我评价 （达到打√， 未达到画○）	小组评价 （达到打√， 未达到画○）	教师评价 （达到打√， 未达到画○）
能够掌握民间传统幼儿游戏改编需遵循的基本原则			
能够理解民间传统幼儿游戏改编包括的主要内容			
运用所学知识，能够用科学的方法改编和创新民间传统幼儿游戏			

🍁 学习感悟

参 考 文 献

[1] 李春良.幼儿游戏与指导[M].上海：复旦大学出版社,2022.

[2] 教育部基础教育司.游戏·学习·发展：全国幼儿园优秀游戏活动案例选编[M].北京：人民教育出版社,2020.

[3] 卢筱红,付欣悦,等.幼儿游戏行为观察与研讨[M].北京：北京师范大学出版社,2020.

[4] 方明.山东省幼儿园课程指导 教师用书[M].济南：明天出版社,2019.

[5] 徐华,唐彦彦,等.幼儿园区域活动中教师的观察与评价[M].南京：南京师范大学出版社,2019.

[6] 刘娟.花样民游——幼儿园民间传统游戏的创新与指导[M].北京：北京师范大学出版社,2019.

[7] 刑保华."活教育"中的民族文化教育[M].上海：复旦大学出版社,2019.

[8] 郑智梅,潘晓云.民间游戏走进幼儿园课程的实践探索[M].福州：福建人民出版社,2019.

[9] 王泳涛,等.学前儿童游戏教育[M].上海：同济大学出版社,2018.

[10] 许丽萍,张致新.灵动的光影游戏——幼儿皮影戏活动指导[M].北京：北京师范大学出版社,2017.

[11] 刘智成.幼儿园游戏与指导[M].天津：南开大学出版社,2017.

[12] 董旭花,韩冰川,等.幼儿园自主游戏观察与记录——从游戏故事中发现儿童[M].北京：中国轻工业出版社,2015.

[13] 丁海东.幼儿园游戏组织与指导[M].长沙：湖南大学出版社,2015.

[14] 邱学青.幼儿园游戏指导[M].北京：人民教育出版社,2015.

[15] 盖伊格朗兰德.发展适宜性游戏：引导幼儿向更高水平发展[M].严冷,译.北京：北京师范大学出版社,2014.

[16] 黛安娜·帕帕拉,等.孩子的世界——从婴儿期到青春期(第11版)[M].北京：人民邮电出版社,2013.

[17] 黛安娜·帕帕拉,萨莉·奥尔兹,露丝·费尔德曼.孩子的世界——从婴儿期到青春期(第11版)[M].郝嘉佳,等译.北京：人民邮电出版社,2013.

[18] 董旭花.幼儿园游戏[M].北京：科学出版社,2009.

[19] 邱学青.学前儿童游戏[M].南京：江苏教育出版社,2008.

[20] 刘焱.儿童游戏通论[M].北京：北京师范大学出版社,2004.

[21] 华爱华.幼儿游戏理论[M].上海：上海教育出版社,1998.

[22] 巩玉娜.传统民间游戏与幼儿园课程构建[D].济南：山东师范大学,2012.

[23] 王蔚.传统民间游戏开发利用研究[D].济南：山东大学,2005.

[24] 蔡迎旗,王翌.促进幼儿深度学习的教师支持策略研究——以角色游戏为例[J].河北师范大学学报(教育科学版),2022(3)：115-122.

[25] 密渊,段晓娅.儿童传统民间体育游戏的传承与创新[J].体育文化导刊,2018(4)：56-60.

[26] 王德刚.传统民间游戏的源流、价值和保护[J].齐鲁学刊,2015(3)：51-55.

[27] 罗红辉.民间传统儿童游戏的传承与创新[J].学前教育研究,2014(11)：67-69.

[28] 但菲,等.表演游戏对4～6岁幼儿同伴交往能力的影响[J].学前教育研究,2009(8)：13-16.

[29] 李姗泽.学前教育应重视中华民族优秀传统文化——论民间游戏在幼儿园课程资源中的地位和作用[J].课程·教材·教法,2005(5)：31-35.

[30] 刘焱,朱丽梅,等.幼儿园表演游戏的特点、指导原则与教学潜能[J].学前教育研究,2003(6)：17-20.

[31] 但菲.角色游戏——幼儿社会化的重要途径[J].沈阳师范学院学报(社会科学版),1998(6)：65-67.

[32] 邱学青,鄢超云.游戏点亮快乐童年——幼儿园"以游戏为基本活动"的十年发展回顾[公众号].中国学前教育研究会,2021-06-15.

[33] 中国学前教育研究会.游戏教研：幼儿园以游戏为基本活动的上海实践！首届圆桌会议 7[公众号].中国学前教育研究会,2021-07-26.

[34] 汪劲秋.教师在儿童游戏时应有的观察视角[公众号].学前智库,2022-08-10.

[35] 刘焱.幼儿教师应当如何进行游戏观察[公众号].学前智库,2021-07-11.

[36] 李瑛.教师在幼儿游戏中有效观察的策略[公众号].早期教育,2017-09-28.

[37] 董旭花.如何观察、记录幼儿的游戏活动[公众号].学前智库,2021-11-16.

[38] 秦旭芳.幼儿教师观察与记录的选择策略[公众号].学前智库,2022-07-26.

[39] 幼培办.观察与评价幼儿的方法[微信小程序].

[40] 幼培办.幼儿园游戏活动的观察与分析[微信小程序].

[41] 幼培办.幼儿观察与评价[微信小程序].

[42] 幼培办.幼儿活动的观察、解读与分析[微信小程序].